Schwerpunkte Klocke/Dürkop • Klausurenkurs BGB – Allgemeiner Teil

Klausurenkurs BGB – Allgemeiner Teil

Ein Fallbuch für Studienanfänger

von

Prof. Dr. Daniel Klocke, LL.M.oec
Professor an der EBS Law School Wiesbaden

und

Ass. iur. Max Lennart Dürkop

Bibliografische Information der Deutschen Nationalbibliothek
Die Deutsche Nationalbibliothek verzeichnet diese Publikation in der Deutschen Nationalbibliografie; detaillierte bibliografische Daten sind im Internet über <https://portal.dnb.de> abrufbar.

Print: ISBN 978-3-8114-8927-1
ePub: ISBN 978-3-8114-8942-4

E-Mail: kundenservice@cfmueller.de
Telefon: +49 6221 1859 599
Telefax: +49 6221 1859 598

www.cfmueller.de

Satz: TypoScript, München
Druck: Westermann Druck, Zwickau

Vorwort

Der vorliegende Klausurenband entstand als Lösung für das Hauptproblem der Studierenden im ersten Semester des Studiums. Am Ende des Semesters steht eine Klausur an, Vorlesungen bleiben oftmals eher abstrakt und Arbeitsgemeinschaften bieten nicht immer ausreichend Vorbereitung für die Falllösung.

Das Buch bietet 20 Fälle, darunter eine Originalklausur, mit unterschiedlichen Problembereichen. Um Sicherheit im Umgang mit Fällen zu vermitteln, setzt das Buch auf eine nachvollziehbare Struktur in der Gutachtenführung und setzt inhaltlich auf Redundanzen bei den wichtigsten Themen, um einen Lernerfolg gleich am Anfang des Studiums zu gewährleisten.

Zu danken haben wir Frau stud. iur. *Laura Zimmer*, Herrn stud. iur. *Lennard Gleumes* und Herrn stud. iur. *Dennis Lipowski* für die Unterstützung bei der Textarbeit und den Korrekturen. Frau *Claudia Müller* gebührt unser Dank für die – wie immer – einwandfreie Betreuung des Manuskripts.

Wiesbaden, Januar 2023

Daniel Klocke
Max Lennart Dürkop

Inhaltsverzeichnis

Abkürzungsverzeichnis

a.A.	andere Ansicht
Abs.	Absatz
AcP	Archiv für die civilistische Praxis
AGB	Allgemeine Geschäftsbedingungen
Alt.	Alternative
Aufl.	Auflage
BeckRS	Beck-Rechtsachen
BGB	Bürgerliches Gesetzbuch
BGH	Bundesgerichtshof
BGHZ	Entscheidungen des Bundesgerichtshofes in Zivilsachen
f.	folgender Paragraph
ff.	folgende Paragraphen
h.M.	herrschende Meinung
HS	Halbsatz
i.H.v.	In Höhe von
i.S.d.	Im Sinne des/der
JA	Juristische Arbeitsblätter
JuS	Juristische Schulung
JZ	JuristenZeitung
Lit.	Littera (Buchstabe)
M.a.W.	Mit anderen Worten
MM	Mindermeinung
Nr.	Nummer
NJW	Neue Juristische Wochenschrift
NJW-RR	Neue Juristische Wochenschrift Rechtsprechungs-Report
NStZ	Neue Zeitschrift für Strafrecht
Rn.	Randnummer
S.	Satz
VersR	Versicherungsrecht
WM	Wirtschafts- und Bankrecht
z.B.	zum Beispiel

Literaturverzeichnis

Arz, Matthias/Gemmer, Henrik, Von der Relation zum Zivilurteil: Eine praktische Anleitung, JA 2020, 608.

Bäcker, Carsten, Subsumtion und Ponderation als Grundformen der Juristischen Methodenlehre, JuS 2019, 321.

Bayerle, Katrin, Trennungs- und Abstraktionsprinzip in der Fallbearbeitung, JuS 2009, 1079.

Bialluch, Martin/Wernert, Lukas, Grundlagenwissen: Gesetzesbezogene Fallbearbeitung, JuS 2018, 326.

Bitter, Georg, Grundzüge zivilrechtlicher Methodik – Schlüssel zu einer gelungenen Fallbearbeitung, JuS 2009, 289 (294).

Brox, Hans, Die Anfechtung bei der Stellvertretung, JA 1980, 449.

Bydlinski, Franz, Juristische Methodenlehre und Rechtsbegriff, 2. Auflage 1991.

Canaris, Claus-Wilhelm, Anmerkung zu BGH, Urteil vom 07-06-1984 – IX ZR 66/83, NJW 1984, 2279.

Fleck, Wolfgang, Die Klausur im Zivilrecht – Struktur, Taktik, Darstellung und Stil; 2009, 881.

Flume, Werner, Allgemeiner Teil des Bürgerlichen Rechts – Zweiter Band: Das Rechtsgeschäft, 4. Auflage, 1992.

Grüneberg, Christian (Hrsg.), Bürgerliches Gesetzbuch: BGB, 81. Auflage, 2022.

Hau, Wolfgang/Poseck, Roman, BeckOK BGB, 62. Edition, 2022.

Jauernig, Ottmar (Begr.), Bürgerliches Gesetzbuch, 18. Auflage 2021.

Merkt, Hanno/Zimmermann, Jennifer, Die neue Musterfeststellungsklage: Eine erste Bewertung, VuR 2018, 363.

Medicus, Dieter/Petersen, Jens, Bürgerliches Recht, 28. Auflage 2021.

Muthorst, Olaf, Auslegung: Eine Einführung; JA 2013, 721.

Petersen, Jens, Die Anfechtung der ausgeübten Innenvollmacht: AcP 201 (2001), 375.

Schack, Hanno, BGB Allgemeiner Teil, 16. Auflage 2019.

Staudinger, § 119 Rn. 80 ff, § 167 Rn. 31.

Stieper, Malte, Die Scheinbestandteile, 2002.

Stieper, Malte, Die Energieerzeugungsanlage – Wesentlicher Bestandteil oder Scheinbestandteil des Gebäudes?, WM 2007, 861.

Wieduwilt, Hendrik, Die Sprache des Gutachtens, JuS 2010, 288.

Säcker, Franz Jürgen/Rixecker, Roland/Oetker, Hartmut/Limperg, Bettina (Hrsg.), Münchener Kommentar zum Bürgerlichen Gesetzbuch, Band 1, 9. Auflage 2021.

Vertiefungshinweise finden sich am Ende eines jeden Falls.

1. Teil

Hinweise zur Fallbearbeitung

Ein juristischer Sachverhalt, mit anderen Worten ein Fall, enthält am Ende immer eine Aufgabe, die in aller Regel als Frage oder – seltener – als Prüfungsauftrag formuliert ist. In der Sache laufen alle Fragen auf die Prüfung in Form eines Gutachtens hinaus. 1

Hinweis: Ein Gutachten sollte stets untergliedert sein. Texte bzw. Überschriften können im Wesentlichen über zwei Typen gegliedert werden: 2

- A. I. 1. a) aa) (1) (a) (aa) α) oder
- 1., 1.1., 1.1.1., 1.1.1.1. usw

Der Text folgt der ersten Gliederungsvariante und verzichtet aber zuweilen auf A), B), C) etc. Diese Unterteilung wird für gewöhnlich dann genutzt, wenn unterschiedliche Abschnitte deutlich voneinander abgrenzt werden sollen.

I. Der Zweck des Gutachtens

Der Zweck des Gutachtens ist es, eine Antwort auf eine rechtliche Frage zu entwickeln und diese sorgfältig zu begründen. In diesem Zusammenhang hat der Bearbeiter unter Umständen auch verschiedene mögliche Lösungswege darzustellen und sich mit diesen argumentativ auseinanderzusetzen.[1] 3

Hinweis: Wann immer ein Autor einen Gedanken übernimmt, den er nicht zuerst geäußert hat oder der nicht unmittelbar aus dem Gesetz folgt, muss die Fremdheit kenntlich gemacht werden. Das macht man über sog. Fußnoten. Die Keyboardkombination lautet: **Strg + alt + f** 4

Fußnote 1 enthält das Zitat eines Aufsatzes. Man nennt: 5

1. Autor bzw. Autoren mit Nachnamen
2. Die Abkürzung der Zeitschrift
3. Jahrgang (Jahr des Erscheinens)
4. Seitenzahl
   a) Beginn des Beitrags
   b) Konkrete Fundstelle

vgl. *Wieduwilt* (1.), JuS (2.) 2010 (3.), 288 (4.a) (289) (4.b).

Das Gutachten hat in der Rechtswissenschaft die Funktion *alle* rechtlichen Fragen zu klären, die ein Fall aufwirft, um so einer späteren Entscheidung als Grundlage dienen zu können. Die bekannteste dieser Entscheidungen ist das richterliche Urteil. Das wird plastisch, wenn man sich die Funktionen vor Augen führt. **Das Gutachten führt zur Lösung. Das Urteil präsentiert die Lösung.** M.a.W.: Das Urteil soll eine bereits 6

1 *Wieduwilt*, JuS 2010, 288 (289).

getroffene gerichtliche Entscheidung durch eine Begründung plausibel machen und geht daher von dieser feststehenden Entscheidung aus.[2] Das Gutachten soll die überzeugungskräftigste Lösung erst entwickeln und muss zu diesem Zweck die einzelnen Lösungsschritte und die denkbaren Lösungswege „abarbeiten“.[3] Dieser Unterschied ist wichtig, weil sich daraus wichtige Grundlehren ableiten lassen können, die im Folgenden vertieft werden.

II. Das Erfassen des Sachverhalts

7 Egal ob Urteil oder Gutachten, am Anfang steht die Sachverhaltslektüre. Bereits in diesem Schritt gilt es, höchste Aufmerksamkeit zu beweisen, denn dem vollständigen Erfassen des Sachverhalts ist größte Bedeutung beizumessen. Deshalb empfiehlt es sich, den Sachverhalt bereits zu Beginn mehrfach zu lesen, um keine Details zu übersehen: Nichts ist ärgerlicher, als eine vertretbare Analyse eines falsch erfassten Sachverhalts ins Gutachten zu bringen.

Ein typischer Fehler bei der Sachverhaltserfassung liegt darin, dass dieser inhaltlich überdehnt wird. Der Klausurbearbeiter ist nicht „Herr des Sachverhalts". Der Sachverhalt ist als feststehend und geschehen zu akzeptieren. Nicht mitgeteilte Details sind nicht geschehen und der Sachverhalt darf nicht abgeändert werden.[4]

Für Beginner des Jurastudiums ist dies oft verwirrend. Erwartet man doch in gewisser Weise eine in sich stimmige Geschichte. Das wird aber der Wirklichkeit nicht gerecht. In der Praxis fehlen Tatsachen oder sind unzureichend in den Prozess eingeführt. Das Recht reagiert auf dieses Problem mit Darlegungserleichterungen und insbesondere Vermutungsregeln.[5] Wenn aber eine Tatsache vermutet wird, muss sie gar nicht im Sachverhalt stehen. Wer also Inhalte vermisst, wird in der Regel im Gesetz auf eine Vermutung stoßen – das, oder man schreibt gerade am Sachverhalt vorbei.

8 **Hinweis:** Zuweilen enthalten Fußnoten auch weiterführende Hinweise (vgl. Fußnote 5). Für gewöhnlich haben Studierende nur selten die Zeit alle Hinweise einer Fußnote nachzulesen. Es empfiehlt, die Fußnoten zumindest einmal zu überfliegen.

9 **Beispiel:** Werden über das Alter und die geistigen Fähigkeiten einer Person keine weiteren Angaben gemacht, ist davon auszugehen, dass diese geschäftsfähig ist. Denn das BGB geht davon aus, dass im Grunde jede Person geschäftsfähig ist. Das zeigt der Wortlaut von § 104 BGB, der lediglich die Geschäftsunfähigkeit regelt. Im Umkehrschluss kann deshalb davon ausgegangen werden, dass, soweit die §§ 104, 106 BGB nicht einschlägig sind, jede Person geschäftsfähig ist.[6] Erst wenn Anhaltspunkte für eine Geschäftsunfähigkeit vorhanden sind, muss man sich also mit den §§ 104 ff. BGB auseinandersetzen.

---

2 *Arz/Gemmer*, JA 2020, 608 (608).
3 *Arz/Gemmer*, JA 2020, 608 (608).
4 Ausführlich *Fleck*, JuS 2009, 881 (881).
5 Zur sog. Rosenberg'schen Formel: *Merkt/Zimmermann*, VuR 2018, 363 (372): jede Partei muss die ihr günstigen Tatsachen darlegen und beweisen.
6 *Mansel*, in: Jauernig, § 104 Rn. 9.

Hinweis: Wenn dieses Dokument der erste juristische Text ist, den Sie lesen, dann sehen Sie gerade zum ersten Mal ein Gesetzeszitat. 10

Grundsätzlich unterscheidet man §-Gesetze und Artikel-Gesetze. Im Bürgerlichen Gesetzbuch (BGB) gibt es nur §§ (Plural von §). Das Einführungsgesetz zum BGB hingegen enthält Art. (Abkürzung von Artikel). Ein Artikelgesetz enthält gleichzeitig mehrere Gesetze oder ganz unterschiedliche Inhalte.

An ff. scheiden sich die Geister. Die einen sagen fortfolgende. Die anderen nutzen es als Plural für f. Nach dieser (vorzugswürdigen) Logik signalisiert

f., dass nur der folgende Paragraf zitiert wird und

ff., dass alle folgenden Paragrafen aus dem Abschnitt zitiert werden sollen.

Die gestellten Sachverhalte zielen ausnahmslos darauf ab, bestimmte Probleme zu erfassen. Ziel des Bearbeiters muss es daher schon bei der Sachverhaltserfassung sein, die Hinweise im Sachverhalt zu erkennen, um die Klausurlösung frühzeitig auf die richtige Bahn zu lenken. Besonderes Augenmerk sollte dabei auf die vom Klausurersteller hervorgehobenen Details gelegt werden. Diese sind für die Bearbeitung von hoher Relevanz (z.B. kursiv dargestellte Erklärungen der handelnden Personen). Viele Sachverhalte im Zivilrecht enthalten zudem – häufig am Ende – einen Absatz, in dem die Beteiligten ihre Rechtsauffassungen kundgeben: 11

Beispiel 1: A meint, es könnte doch nicht angehen, dass ein solcher Vertrag, den er moralisch für äußerst bedenklich hält, wirksam sein könne.

Beispiel 2: A meint, dass das ganze Geschehen schon so lange in der Vergangenheit liegt, dass der Anspruch gar nicht mit bestehen könne.

Die beiden Aussagen dienen dem Bearbeiter als Hilfestellung, um auf eine zu untersuchende Sittenwidrigkeit (§ 138 BGB) oder Verjährung (§ 214 BGB) hinzuweisen.

III. Die Aufgabenstellung

Im nächsten Schritt ist die Aufgabenstellung zu erfassen. Auch hier gilt höchste Aufmerksamkeit. Die Beantwortung von Rechtsfragen, nach denen nicht gefragt ist, fällt negativ ins Gewicht. 12

1. Die Frage nach einem Anspruch

Die häufigste und dankbarste Aufgabenstellung ist die nach dem Anspruch. Gemeint sind Fragen, die darauf gerichtet sind, dass eine Person (A) von einer anderen Person (B) ein bestimmtes Verhalten verlangt: 13

Beispiel 1: Kann A von B die Zahlung des Kaufpreises verlangen?

Beispiel 2: Kann A von B die Herausgabe des Autos verlangen?

Die Lösung dieser Fragestellung soll weiter unten vertieft werden.

2. Die Frage nach einem Gestaltungsrecht

14 Im Mittelpunkt der Klausur kann auch stehen, ob eine Partei ein Gestaltungsrecht geltend machen kann.

Beispiel 1: Kann sich A durch die Anfechtung seiner Willenserklärung vom Vertrag lösen?

Beispiel 2: Kann A vom Vertrag zurücktreten?

Hier ist zu untersuchen, ob den Parteien ein derartiges Gestaltungsrecht zusteht. Die Prüfung eines Anspruchs wäre hier verfehlt. Ein häufiger Fehler ist daher, dass Bearbeiter einen Anspruch auf Anfechtung oder einen Anspruch auf Rücktritt prüfen. Der Anfechtungsberechtigte kann schlicht die Anfechtung erklären. Eine Handlung des Anfechtungsgegners bedarf es nicht.

3. Die Frage nach der Rechtslage

15 Manchmal liest man auch am Ende: „Wie ist die Rechtslage?“. Hier sind sämtliche denkbaren Ansprüche aller beteiligten Personen untereinander zu prüfen. Wichtig ist dabei, dass neben den Ansprüchen der Beteiligten auch zu prüfen ist, ob die Beteiligten die Rechtslage ändern können. Insoweit sind auch die möglichen Gestaltungsrechte zu bedenken.

Gelegentlich, insbesondere in Anfängerklausuren, ist nach einem Element der Rechtslage gefragt, etwa: „Ist der Vertrag wirksam?“. Hier gibt die Frage die Prüfung vor.

IV. Der Bearbeitervermerk

16 Letztlich ist – falls vorhanden – der Bearbeitervermerk zu untersuchen. Darin sind noch weitere Hinweise für die Anfertigung des Gutachtens genannt. So können bestimmte Ansprüche ausgeschlossen sein. Der Bearbeitervermerk sollte gleich immer nach der Fallfrage gelesen werden. Es ist schon vorgekommen, dass Kandidaten den Bearbeitervermerk übersehen haben.

Beispiel: Ansprüche aus Bereicherungsrecht sind nicht zu prüfen.

Zum Teil beinhaltet der Bearbeitervermerk auch Sachverhaltsklarstellungen über Gedankengänge der Beteiligten.

Beispiel: Es ist davon auszugehen, dass A die Minderjährigkeit von X nicht erkannt hat.

Schließlich beinhaltet der Bearbeitervermerk vermehrt noch folgende – oft für Verwirrung sorgende – Aussage:

Zu allen aufgeworfenen Rechtsfragen ist – gegebenenfalls im Hilfsgutachten – Stellung zu nehmen.

Grundsätzlich sollte man davon ausgehen, dass ein Hilfsgutachten nie zwingend erforderlich ist. Der Vermerk dient lediglich dazu, darauf hinzuweisen, dass die Klausur Probleme enthält, bei denen der Klausurersteller schon damit rechnet, dass die Bearbeiter zu unterschiedlichen Ergebnissen kommen können, die gleichermaßen gut vertretbar sind. 17

V. Einschub: Das Anfertigen einer Skizze

Soweit der Sachverhalt erfasst ist und der Bearbeiter sich über die Aufgabenstellung im Klaren ist, empfiehlt es sich, eine Lösungsskizze zu entwerfen, um gedanklich die vorzunehmenden Prüfungsschritte durchzugehen. Umfang und Zeiteinplanung hängen stark von den persönlichen Präferenzen ab. Achten Sie aber bitte auf Ihr Zeitmanagement! 18

Hinweis: Als Faustregel gilt 1/5 bis ein 1/6 der Zeit sollte auf die Lösungsskizze verwendet werden. 19

VI. Die Falllösung i.e.S.

Geht man von diesen Grundlagen aus, ist nun das eigentliche Gutachten zu erstellen. Die nachfolgenden Ausführungen beziehen sich in erster Linie auf die Anspruchsklausur, können aber auch auf andere Konstellationen übertragen werden. 20

1. Die Anspruchsprüfung

Die Fallfrage bei einer zivilrechtlichen Klausur baut regelmäßig auf der sog. Anspruchsmethode auf. Im Rahmen einer Anspruchsprüfung ist zu untersuchen, welche Rechte die Beteiligten geltend machen können. Als Gedankenstütze kann dabei folgendes Schema fungieren: 21

Wer will was von wem woraus?

Wer? *= Wer ist der* ***Anspruchssteller****? = Wer begehrt etwas von einer anderen Person?*

Will was? *= Welches* ***Anspruchsziel*** *wird verfolgt? = Was ist die begehrte Rechtsfolge?*

Von wem? *= Wer ist der* ***Anspruchsgegner****? = Von wem wird das Anspruchsziel begehrt?*

Woraus? *= Was ist die* ***Anspruchsgrundlage****? = Aus welchen rechtlichen Normen bzw. Grundlagen folgt die gewünschte Rechtsfolge möglicherweise?*

2. Die Suche nach der Anspruchsgrundlage

Über das Anspruchsziel wird die Frage nach der Anspruchsgrundlage formuliert: was und woraus. X will von Y Schadensersatz; welche Norm könnte sein Begehren stützen? 22

Beispiel: Soweit nach dem Ersatz einer bestimmten Schadensposition gefragt ist, kommen nur Normen mit der Rechtsfolge Schadensersatz in Betracht, also z.B. §§ 122 Abs. 1, 179 Abs. 1 Var. 2, 280 Abs. 1, 678, 823 Abs. 1 BGB.

23 **Hinweis:** Ein wichtiges Handwerkszeug ist die korrekte und genaue Zitierung von Regelungen. Seien Sie bitte immer so exakt wie möglich. Wenn die entscheidende Regelung in einem Halbsatz enthalten ist, zitieren Sie bitte den Halbsatz. Wenn eine Norm zwei Alternativen hat und nur eine entscheidend ist, zitieren Sie bitte diese Alternative. Hier die Abkürzungen für das Zitat:

→ § 1 Abs. 1 S. 1 HS. 1 Alt. 1 [zitiertes Gesetzbuch]

→ § 119 Abs. 1 HS 1 Alt. 1 BGB enthält den sog. Inhaltsirrtum.

24 Der Begriff der Anspruchsgrundlage hat sich heute durchgesetzt. Das Zivilrecht regelt die Verteilung von privaten Gütern und die Auflösung widerstreitender Interessen. Die Durchsetzung eigener Interessen gegenüber einer anderen Partei setzt das Bestehen eines Anspruchs voraus. Das BGB definiert den Anspruch als

das Recht, von einem anderen ein Tun oder Unterlassen verlangen zu können (vgl. § 194 Abs. 1 BGB).

Ein solches Recht wird den Parteien durch eine Anspruchsgrundlage eingeräumt. Kennzeichnend für eine Anspruchsgrundlage ist, dass sie einen Tatbestand (die Voraussetzungen der Norm) und eine auf das Tun oder Unterlassen eines anderen gerichtete Rechtsfolge hat.

Beispiel: Wenn die Parteien einen Kaufvertrag geschlossen haben, sind die Voraussetzungen des § 433 BGB erfüllt. § 433 Abs. S. 1 BGB lässt diesem Tatbestand die Rechtsfolge folgen, dass der Verkäufer die Sache zu liefern und zu übereignen hat.

25 Zwar ist die Rechtsnatur der Anspruchsgrundlage nicht aus jeder Norm zu erkennen, typischerweise sind gesetzliche Anspruchsgrundlagen indes an folgenden Formulierungen zu erkennen: *„…kann verlangen…“* (z.B. § 280 Abs. 1 S. 1 BGB); *„… ist verpflichtet …“* (z.B. § 433 Abs. 1 S. 1 BGB); *„…hat zu / ist zu ersetzen…“* (z.B. § 122 Abs. 1 BGB).

26 Ein häufiger Anfängerfehler ist, dass bei der Frage, ob Übereignung verlangt werden kann, § 985 BGB vorrangig geprüft wird. Die Norm basiert zwar auf dem Eigentum, sie erlaubt es aber gerade nur dem Eigentümer die Herausgabe zu verlangen. Derjenige, der den Anspruch geltend macht, muss daher Eigentümer sein. Wenn die Frage auf die Bewegung des Eigentums gerichtet ist, kann § 985 BGB nicht helfen.

3. Die Prüfungsreihenfolge der Anspruchsgrundlagen

27 Für Anfänger hat die Reihenfolge der Prüfung der Anspruchsgrundlagen in aller Regel noch keine große Bedeutung. Je weiter aber das Studium voranschreitet, desto wichtiger wird die korrekte Reihenfolge der zivilrechtlichen Anspruchsgrundlagen. Als Grundschema für die Reihenfolge der zu prüfenden Ansprüche gilt:

1. Vertragliche Ansprüche (z.B. § 433 Abs. 1 S. 1 BGB)
2. Quasivertragliche Ansprüche (z.B. Anspruch aus c.i.c. gemäß §§ 311 Abs. 2, 241 Abs. 2, 280 Abs. 1 BGB)
3. Dingliche Ansprüche (z.B. § 985 BGB)
4. Deliktische Ansprüche (z.B. § 823 Abs. 1 BGB)
5. Bereicherungsrechtliche Ansprüche (z.B. § 812 Abs. 1 S. 1 Alt. 1 BGB)

Diese Reihenfolge ist nicht willkürlich, sondern gut begründet: Ein bestehender Vertrag schließt den quasivertraglichen Anspruch aus §§ 677, 683 S. 1, 670 BGB (nicht „ohne Auftrag"), und den bereicherungsrechtlichen Anspruch aus § 812 Abs. 1 BGB (nicht „ohne Rechtsgrund") aus. Quasivertragliche Ansprüche stehen den vertraglichen Ansprüchen nahe und sind daher direkt nach diesen zu behandeln. Dingliche Ansprüche können mitunter eine Sperrwirkung gegenüber den nachfolgenden Ansprüchen entfalten. Deshalb sind sie vorrangig zu prüfen.

4. Die Subsumtion

Durch die Verbindung des „Was" mit dem „Woraus" können Bearbeiter nun Anspruchs- 28
grundlagen finden. Damit ist noch nicht gesagt, dass der Anspruchssteller auch im Recht ist. Vielmehr muss jetzt das Gutachten klären, ob die Voraussetzungen der Anspruchsgrundlagen auch erfüllt sind.

a) Die Prüfung einer Norm: Der Prüfungsaufbau

Eine Anspruchsgrundlage hat oftmals mehrere Voraussetzungen. Bei einem Anspruch 29
aus § 433 Abs. 1 S. 1 BGB ist dies noch einfach. Man braucht nur einen Vertragsschluss. Doch liest man etwa § 823 Abs. 1 BGB, fällt auf, dass mehrere Voraussetzungen bestehen. Bevor man in der Sache prüft, muss man daher den Tatbestand in eine Prüfungsreihenfolge überführen. Die Frage lautet also:

Was prüfe ich bei § 823 Abs. 1 BGB zuerst?

Um diese Frage rasch zu beantworten, hat die Rechtwissenschaft sog. Schemata heraus- 30
gebildet. Man prüft Normen immer in einer bestimmten Reihenfolge. Das Schema für § 823 Abs. 1 BGB lautet etwa:

1. Rechtsverletzung
2. Widerrechtlichkeit
3. Verschulden
4. Schaden

Das ist ein einfaches Schema und wird im Laufe des Studiums noch erweitert werden müssen. Am Anfang wird aber klar, wie einfach nunmehr die Norm in das Gutachten überführt werden kann. Aus dem Text wird eine Prüfungsreihenfolge.

31 Für § 823 Abs. 1 BGB folgt die Reihenfolge aus der Struktur der Norm: Die Rechtsverletzung (1.) begründet eine Vermutung für die Widerrechtlichkeit (2.); die widerrechtliche Rechtsverletzung (1. und 2.) ist Bezugspunkt des Vorwurfs von Vorsatz oder Fahrlässigkeit (beides 3.) und erst wenn diese Punkte feststehen, ist ein Schaden zu prüfen (4.), der auf die widerrechtliche Rechtsverletzung zurückgeht. Der Schaden selbst muss nicht vom Vorsatz (3. steht eben vor 4.) erfasst sein.

b) Der Gutachtenstil

32 Wie wird nun die Frage mit der Lösung verbunden? Juristen formulieren einen sog. Obersatz und lösen diesen im folgenden Gutachten mit einem Ergebnis auf. Dabei wird der Begriff „Obersatz" doppelt gebraucht: Auf der einen Seite als der für die gesamte Prüfung einleitende Satz und auf der anderen als der Satz, der die Prüfung jedes einzelnen Tatbestandsmerkmals einleitet:

Beispiel: X könnte gegen Y einen Anspruch aus § 823 Abs. 1 BGB haben.

Beispiel: Weiterhin müsste Y widerrechtlich gehandelt haben.

aa) Die Struktur des Gutachtenstils

33 Die Terminologie ist dabei weniger wichtig. Wichtiger ist die Methodik:[7]

1. Obersatz (Hypothese)
2. Definition
3. Subsumtion
4. Ergebnis

Der Gutachtenstil zeichnet sich dadurch aus, dass eine im Konjunktiv formulierte Hypothese über eine mögliche Rechtslage zugrunde gelegt und sodann auf ihre Richtigkeit überprüft wird. Diese Hypothese bezeichnet man als Obersatz.

Beispiel für eine Hypothese: A könnte einen Anspruch auf die Zahlung des Kaufpreises aus § 433 Abs. 2 BGB gegen B haben.

34 Die Überprüfung der Richtigkeit erfolgt sodann in mehreren Schritten: die Definition, die Subsumtion und letztlich das Ergebnis. Die Definition stellt abstrakt die Voraussetzungen dar, die vorliegen müssen, damit sich die Hypothese bestätigt.

Beispiel: Der Anspruch aus § 433 Abs. 2 BGB setzt voraus, dass ein wirksamer Kaufvertrag i.S.d. § 433 BGB geschlossen wurde.

---

7 *Bäcker*, JuS 2019, 321 (324).

bb) Der Syllogismus[8]

Es folgt die Definition. Gewissermaßen handelt es sich bei der Definition um eine Art „Unterobersatz“. Der Gutachtenstil bereitet auch und vor allem deshalb anfänglich Schwierigkeiten, weil eine Art Schachtelprüfung entsteht. 35

Beispiel: Ein Vertrag setzt mindestens zwei übereinstimmende Willenserklärung voraus.

In einem ausführlichen Sachverhalt gestaltet sich die Anwendung des juristischen Syllogismus regelmäßig komplizierter, als es der Vierschritt vorzugeben scheint. Ein Anspruch hat zumeist mehrere Voraussetzungen, die jeweils im Einzelnen zu prüfen sind (jeweils mit Obersatz – Definition – Subsumtion – Ergebnis). Und auch innerhalb der einzelnen Voraussetzungen können Unklarheiten bestehen, sodass es einer Prüfung mithilfe des juristischen Syllogismus bedarf. So kann bspw. eine Definition selbst Tatbestandsmerkmale enthalten, die wiederum zu untersuchen sind. 36

Beispiel: Eine Willenserklärung ist eine private Willensäußerung, die auf die Erzielung einer Rechtsfolge gerichtet ist.

Im Rahmen der Subsumtion als nächstem Bestandteil des Gutachtenstils ist sodann zu untersuchen, ob die Voraussetzungen auch im konkreten Fall vorliegen. Der Sachverhalt wird unter die Definition subsumiert. Dabei wird nochmals die Bedeutung der Definition unterstrichen: Zweck ist es, die Voraussetzung so zu präzisieren, dass im Anschluss der Sachverhalt „darunter“ subsumiert werden kann. 37

Beispiel (einfach): A könnte gem. §§ 2, 104 Nr. 1 BGB geschäftsunfähig sein (Obersatz). Geschäftsunfähig ist, wer nicht das siebente Lebensjahr vollendet hat (Definition). A ist drei Jahre alt (Subsumtion). Folglich ist A nicht geschäftsfähig (Ergebnis).

Das Ergebnis, also die Feststellung der Richtigkeit der zuvor aufgestellten Hypothese, erfolgt zum Schluss. Dieses sollte den Einstiegssatz beantworten. 38

Obersatz: K könnte einen Anspruch gemäß § 433 Abs. 1 S. 1 BGB haben

...

Ergebnis: K hat keinen Anspruch gemäß § 433 Abs. 1 S. 1 BGB.

cc) Zuletzt: der Urteilsstil

Das Gegenteil des Gutachtenstils ist der Urteilsstil. Hier wird nicht über einen möglichen Obersatz eine Prüfung begonnen. Der Urteilsstil beginnt mit einem Ergebnis und lässt dem Ergebnis die Begründung folgen. 39

1. Ergebnis
2. Definition
3. Subsumtion

8 Wer die Figur des Syllogismus nicht kennt, vgl. *Bäcker*, JuS 2019, 321 (322).

40 Der Verfasser soll bis zum 1. Examen Gutachten erstellen. Damit ist ein umfassender Urteilsstil, so überzeugend er klingen mag, ausgeschlossen. Es gibt jedoch eine Ausnahme, wenn ein Punkt **unproblematisch** ist. Dann kann ein Bearbeiter durch die Verwendung des Urteilsstils deutlich machen, dass kein Problem besteht.[9]

Beispiel: A ist gemäß §§ 2, 104 Nr. 1 BGB geschäftsunfähig (Ergebnis). Geschäftsunfähig ist, wer nicht das siebente Lebensjahr vollendet hat (Definition). A ist drei Jahre alt (Subsumtion).

Oder noch deutlicher: Als Dreijähriger ist A gemäß §§ 2, 104 Nr. 1 BGB geschäftsunfähig.

c) Insbesondere: Die Auslegung

41 Die Rechtsnormen des BGB sind abstrakt-generell formuliert. Deshalb kann es zu Schwierigkeiten kommen, die Normen auf jeden denkbaren Einzelfall anzuwenden. Ein souveräner Umgang mit dem Gesetz zeichnet sich deswegen nicht nur durch Normkenntnis, sondern auch durch das Beherrschen der Auslegung und damit dem Verständnis der anzuwendenden Rechtsvorschriften sowie deren systematischem Zusammenspiel aus.

aa) Wortlaut

42 Ausgangspunkt der Auslegung einer Rechtsnorm ist ihr Wortlaut. Diese Auslegungsweise verfolgt das Ziel, den Sinngehalt der Norm nach den Sprachgesetzen zu ermitteln. Im Vordergrund steht dabei die grammatikalische Struktur der Norm und die mögliche Bedeutung einzelner Tatbestandsmerkmale. In der Rechtsanwendung wird eine Norm ausgehend von einer konkreten Fragestellung ausgelegt. Es stellt sich die Frage, ob der Sachverhalt unter eine bestimmte Norm subsumiert werden kann. Bei der fallbezogenen Auslegung muss deshalb nicht der gesamte potenzielle Bedeutungsinhalt einer Norm ermittelt werden. Ausreichend ist, dass der konkrete Lebenssachverhalt vom Wortlaut der Norm erfasst ist. Zu beachten ist auch, dass der Wortlaut einer Norm zugleich die Grenze der Auslegung markiert.

43 Auch wenn Wortlautargumente erfahrungsgemäß meistens nicht die stärksten Waffen sind, können sie einen geeigneten Einstieg in die Argumentation bieten: Dem Wortlaut der Norm ist regelmäßig eine Aussage zu entnehmen. Entweder er spricht für oder gegen eine Verständnisweise oder ihm ist zu dem jeweiligen Problem nichts zu entnehmen. Selbst die Feststellung von Letzterem ist ein ordentlicher Einstieg in die Argumentation, denn der Bearbeiter zeigt, dass die saubere juristische Arbeitsweise und der Umgang mit dem Auslegungskanon beherrscht wird. In der Rechtsprechung lässt sich beobachten, dass ein *„eindeutiger Wortlaut“*[10] oftmals schon das letzte Wort darstellt.

bb) Historie

44 Zweites Auslegungskriterium ist die historische Argumentation.[11] Im Mittelpunkt stehen die Vorstellungen des Gesetzgebers bei Erlass des Gesetzes und die Entstehungsgeschichte des Gesetzes, die in den Gesetzesmaterialien dokumentiert ist. Die historische

9 Irreführend: *Wieduwilt*, JuS 2010, 288 (290), der von einem Feststellungsstil spricht. Einer dritten Kategorie bedarf es nicht.
10 BGH, MDR 2020, 1385.
11 Dazu ausführlich: *Frieling*, Gesetzesmaterialien und Wille des Gesetzgebers, 2017.

Auslegung spielt in der Klausur jedenfalls eine untergeordnete Rolle, weil historische Normkenntnisse regelmäßig nicht erwartet werden können (anders kann dies in Hausarbeiten sein). Es gibt im ganzen Prüfungsstoff zur ersten staatlichen Pflichtfachprüfung nur eine Hand voll historischer Argumente, die noch als „erweitertes Standardwissen" gelten. Heute entspricht es der ganz h.M., dass folgende Dokumente Aufschluss auf einen gesetzgeberischen Willen zulassen:

1. Referentenentwurf
2. Regierungsentwurf
3. Diskussion im Ausschuss

Zu einem Willen des Gesetzgebers werden diese Erläuterungen, weil das Parlament in Kenntnis dieser Materialien über das Gesetz abstimmt.

Hinweis: h.M.? = herrschende Meinung. Oftmals sind rechtliche Fragestellungen umstritten. Deswegen landet der Fall vor Gericht. Um kenntlich zu machen, welche Position überwiegend vertreten wird, nutzt man die Abkürzung **h.M** für herrschende Meinung. **MM** steht für Mindermeinung, also für Positionen, die sich nicht durchgesetzt haben oder sich erst noch durchsetzen müssen. Oftmals wird auch Rechtsprechung angeführt. Dann werden folgende Abkürzungen gebraucht: 45

BGH = Bundesgerichtshof

OLG = Oberlandesgericht

LG = Landgericht

AG = Amtsgericht

Am Anfang des Buches finden Sie übrigens ein Abkürzungsverzeichnis.

cc) Systematik

Ein weiterer Ansatzpunkt ist die systematische Auslegung. Dabei ist die Norm im Hin- 46
blick auf die Beziehung zu anderen Regelungen zu untersuchen. Zum einen kann auf die Einordnung der Norm im Gesetz abgestellt werden, also in welchem Kapitel, Buch, etc. sie wiederzufinden ist. Zum anderen kann ihre Stellung in der Rechtsordnung betrachtet werden. Insbesondere eine speziellere Norm darf nicht unterlaufen werden. Es stellt sich die Frage, welche Bedeutung der Norm im Zusammenspiel mit anderen Normen zukommt. Dazu gehört auch die Überlegung nach der Vereinbarkeit mit höherrangigem Recht (verfassungs- und richtlinienkonforme Auslegung).

dd) Zwischengedanke: Objektive und Subjektive Theorie

Anhand der Bedeutung der historischen und systematischen Auslegung lässt sich gut 47
illustrieren, was der Zweck der Auslegung sein soll. Insofern herrscht nämlich ein methodischer Streit darüber, ob es um die Ermittlung des objektiv feststellbaren Willens

des Gesetzes oder um den subjektiv festzustellenden Willen des Gesetzgebers geht.[12] Im ersten Fall kommt der Systematik ein größeres Gewicht zu, im zweiten Fall haben die Materialien den höheren Stellenwert. Der 11. Zivilsenat des BGH folgte etwa 2013 der sog. objektiven Theorie und ordnete die historische Auslegung wie folgt ein:[13]

„Der Entstehungsgeschichte kommt zwar zur Erfassung des objektiven Willens des Gesetzgebers erhebliches Gewicht zu. Es genügt aber nicht, dass sich die Rechtsfolgen allein der Gesetzesbegründung entnehmen lassen. Für die Auslegung einer Gesetzesvorschrift ist vielmehr der im Gesetz auch zum Ausdruck gekommene objektivierte Wille des Gesetzgebers maßgeblich. Nicht entscheidend ist demgegenüber die bloße subjektive Vorstellung der am Gesetzgebungsverfahren beteiligten Organe oder einzelner ihrer Mitglieder über die Bedeutung der Bestimmung, so erhellend die Materialien auch für die Sinnermittlung sein mögen."

Diese Feinheiten der juristischen Methodenlehre kann eine Fallbearbeitung nur eingeschränkt abbilden. Wichtiger ist, dass der Bearbeiter überhaupt auslegt. Diese Frage kann allenfalls einmal bei Hausarbeiten relevant werden.

ee) Der Sinn und Zweck (das Telos)

48 Viertes Auslegungskriterium ist der Normzweck. Ziel ist es, das Normverständnis zur Geltung zu bringen, welches den Zweck der Norm bestmöglich verwirklicht.[14] Da der Normzweck nur in wenigen Fällen gesetzlich geregelt ist, muss er regelmäßig ermittelt werden. Ansatzpunkte sind auch hier die Gesetzesmaterialien. Da diese jedoch in der Klausur nicht zur Verfügung stehen, gilt es, wertend zu ermitteln, „welche Ziele Menschen im Allgemeinen wohl verfolgen, die unter den vorliegenden Umständen eine rechtliche Anordnung wie die auszulegende Norm erlassen."[15]

Um zu einer gelungenen Argumentation zu gelangen, hilft die Frage danach weiter, welchen Interessenkonflikt der Gesetzgeber mit dem Gesetz im Visier hat und welche bestimmte Folge erreicht oder vermieden werden soll.

ff) Zur Argumentation

49 In der Folge sollen einige klassische Argumentationsformen dargestellt werden.

(1) Die Grundregel

50 Subsumtion bedeutet Argumentation im Einzelfall.[16] Die vier Auslegungsmethoden geben Bearbeitern Argumente an die Hand, mit denen die Frage im Obersatz beantwortet werden kann. Neben der Ableitung dieser Argumente ist auch erforderlich, dass die Argumente gewichtet werden. Ein eindeutiger Wortlaut kann eine unklare Gesetzesbegründung in den Schatten stellen. Ein eindeutig artikulierter Regelungsgedanke des Gesetzgebers in den Materialien der Gesetzgebung kann einen unklaren Wortlaut erhellen etc. **Gute Subsumtion kann nicht auswendig gelernt werden. Man kann sie aber durch Übungen bzw. Übungsklausuren trainieren.**

---

12 Hierzu: *Muthorst*, JA 2013, 721 (724).
13 BGH, MDR 2013, 610.
14 Vgl. *Bialluch/Wernert*, JuS 2018, 326 (329).
15 Ausf. *Bydlinski*, Jur. Methodenlehre u. Rechtsbegriff, 2. Aufl. 1991, 428 ff.
16 *Muthorst*, JA 2013, 721 (723).

(2) Der Umkehrschluss

Neben dieser Einzelfallargumentation können klassische Argumentationsformen eingesetzt werden, deren gezielte Verwendung durchaus als gehobene Methodik verstanden werden darf. Der Umkehrschluss gehört zu diesen Standardinstrumenten der Argumentationsfindung. Dem Grunde nach wird von einem Umstand auf einen anderen geschlossen: Es geht um eine Schlussfolgerung, die darin besteht, dass ein Rechtssatz, der einen bestimmten abgegrenzten Tatbestand regelt, für die nicht genannten Fälle nicht anwendbar sein kann. Sonst wäre der Tatbestand ja geregelt worden. **51**

Dabei ist jedoch Vorsicht geboten: Insbesondere bei Aufzählungen im Gesetz ist der Umkehrschluss nur zulässig, wenn jene abschließend sind. Werden hingegen Beispiele aufgezählt, scheidet ein Umkehrschluss aus, weil dem gerade nicht entnommen werden kann, dass der Gesetzgeber die nicht genannten Fälle explizit ausschließen wollte.

(3) Der Erst-Recht-Schluss

Das *argumentum a fortiori* wird verwendet, um von der Regelung eines weniger relevanten Falles zur Einbeziehung eines Falles in eine Norm zu gelangen, der nach dem Sinn und Zweck der Norm noch „stärker" erfasst sein müsste. Dieser logische Schluss wird auch als „Erst-Recht-Schluss" bezeichnet. Ziel ist es, einen Sachverhalt, der als *mindestens* vergleichbar regelungsbedürftig erscheint, der Regelung eines anderen Sachverhalts zu unterwerfen.[17] **52**

Ein Unterfall dieser Argumentationsweise ist auch das *argumentum a maiore ad minus*. Beim Argumentum a maiore ad minus wird vom Größeren auf das Kleinere geschlossen. Der zugrunde liegende Gedanke ist dabei, dass ein Weniger vom Mehr umfasst ist. Zulässig ist das Argumentum a maiore ad minus jedoch nur, wenn der Schluss auch logisch zwingend ist. Denn es ist offensichtlich, dass von einem regelungsbedürftigen Fall nicht auf einen weniger regelungsbedürftigen Fall geschlossen werden darf. **53**

Beispiel: In der Rechtsprechung ist geklärt, dass Verträge über das Aufstellen von Automaten mit einer Laufzeit von zehn Jahren angemessene Allgemeine Geschäftsbedingungen i.S.v. § 307 BGB sein können. Allein daraus folgert die Rechtsprechung, dass Verträge über fünf Jahre nicht unangemessen sein können.[18]

(4) Abschließende Bemerkung

Die existierenden Argumentationsformen und Streitstände können am Anfang des Studiums schnell einschüchtern. Dennoch sollten sie nicht abschreckend sein, denn ein Großteil der Argumente in Meinungsstreitigkeiten innerhalb der Rechtswissenschaft beruhen auf diesem Gerüst. Es ist deshalb zu empfehlen, sich bereits im frühen Zeitpunkt des Studiums mit der Methodenlehre vertraut zu machen und auch beim Anfertigen von Klausuren nicht davor zurückzuschrecken, sowohl den Auslegungskanon als auch die verschiedenen Stilmittel in die Argumentation einzuflechten. Dies erfordert zu Beginn Mut. Dieser wird sich aber im Nachhinein auszahlen. Früh übt sich! **54**

---

17 *Bitter*, JuS 2009, 289 (294).
18 BGH, MDR 2021, 92.

5. Die Rechtsfortbildung

55 Manchmal findet man keine Norm. In diesem Fall müssen Richter über eine Rechtsfortbildung nachdenken. Grund: Angesichts des Rechts der Bürger auf Rechtsschutz darf es nicht zu einer Rechtsverweigerung kommen, wenn eine Norm von ihrer Interessenbewertung auf den Fall passen würde und der Gesetzgeber den Fall übersehen hat.

a) Vorab: Die gutachterliche Darstellung

56 In einer Fallbearbeitung bietet sich die Diskussion einer Rechtsfortbildung dergestalt an, dass man sich klar macht, welche Norm fortgebildet werden soll. Sodann sollte man in die Prüfung der Norm einsteigen und zu dem Ergebnis kommen, dass die Norm nicht erfüllt ist. Hieran anschließend kann man dann die Rechtsfortbildung diskutieren. Wie die jeweilige Rechtsfortbildung zu diskutieren ist, folgt aus dem Typ der Rechtsfortbildung.

b) Teleologische Reduktion und Extension

57 Noch innerhalb der Diskussion der jeweiligen Norm zu erörtern, sind die teleologische Reduktion und die teleologische Extension. Die beiden Instrumente dienen dazu, ein Ergebnis mit dem Zweck der Norm über den Wortlaut der Norm hinaus zu begründen: So kann eine Norm im Einzelfall unangewendet bleiben, obwohl eine Anwendung nach dem Wortlaut möglich wäre, wenn deren Anwendung im konkreten Fall dem Zweck der Norm widerspräche, indem sie bspw. zu einem unerwünschten oder sinnwidrigen Ergebnis gelangen würde (teleologische Reduktion). Dasselbe ist auch umgekehrt möglich: Bei der teleologischen Extension wird eine Norm über den Wortlaut hinaus angewendet, wenn der Wortlaut den Anwendungsbereich einer Regelung wider ihren Zweck zu eng umreißt.

c) Die Analogie

58 Ganz allgemein kann eine Analogiebildung in Betracht kommen. Der Analogieschluss hilft nicht bei der Auslegung von gesetzlichen Vorschriften, sondern wendet die Norm auf einen Sachverhalt an, der gesetzlich nicht geregelt ist, aber dem Regelungsgedanken einer Norm entspricht.

59 Dazu muss festgestellt werden, dass das Gesetz eine planwidrige Regelungslücke enthält und der zu beurteilende Sachverhalt in rechtlicher Hinsicht soweit mit dem gesetzlich geregelten Tatbestand vergleichbar ist, dass angenommen werden kann, der Gesetzgeber wäre bei einer Interessenabwägung, bei der er sich von den gleichen Grundsätzen hätte leiten lassen wie bei dem Erlass der herangezogenen Gesetzesvorschrift, zu dem gleichen Abwägungsergebnis gekommen (vergleichbare Interessenlage). Die Lücke muss sich daher aus einem unbeabsichtigten Abweichen des Gesetzgebers von seinem – dem konkreten Gesetzgebungsvorhaben zu Grunde liegenden – Regelungsplan ergeben.

60 Kurzgefasst setzt eine Analogie mithin eine planwidrige Regelungslücke und eine vergleichbare Interessenlage voraus. Diese beiden Voraussetzungen sind im Gutachten ausführlich zu prüfen, wobei in Aufsichtsarbeiten nicht vorausgesetzt wird, dass Bearbeiter die Begründung des Gesetzgebers kennen, sondern vielmehr aus dem System der jeweiligen Norm auf eine Lücke schließen dürfen.

Über die Vergleichbarkeit hinaus kann auch ein Erst-Recht-Schluss die Analogie tragen, wenn die betroffenen Interessen sogar stärker von der Norm erfasst werden und somit erst recht vergleichbar sind.[19]

VII. Annex: Der Stil per se

Es erscheint müßig, aber darf nie unterschätzt werden: Besonderes Augenmerk liegt auf der sprachlichen Qualität des Gutachtens. Im Unterschied zur Alltagssprache ist die Sprache des Juristen durch hohe Präzision geprägt. **61**

Es geht nicht darum, Spannung zu erzeugen oder unterhaltsam zu sein, sondern das Problem auf den Punkt genau zu behandeln. Vor allem die Präzision und die sprachliche Qualität entscheiden maßgeblich darüber, ob der Leser des Gutachtens von der Rechtsauffassung und der Argumentation des Verfassers überzeugt werden kann. Von Bedeutung ist deswegen auch die Beachtung der Grammatik-, Rechtschreib- und Zeichensetzungsregeln. Auch wenn einzelne sprachliche Fauxpas in einem 20-seitigen Gutachten kaum zu vermeiden sind, gilt es die Fehlerzahl zu minimieren. Auch die Modalpartikel *„halt“, „ja“, „eben“* sind ebenso zu vermeiden, wie ein ausschweifender Stil *(„Nun ist zunächst einmal danach zu fragen, ob hier problematisch sein könnte, dass …")*. **62**

Häufig haben Anfänger die Frage, wie sie bestehende Meinungsstände in Rechtsprechung und Literatur darzustellen haben. Probleme sind in aller Regel schon in Rechtsprechung und Literatur diskutiert. Die Probleme zeichnen sich gerade dadurch als Probleme aus, dass es mehrere vertretbare Lösungsmöglichkeiten gibt. Dabei können verschiedene Fragestellungen im Mittelpunkt stehen: Einerseits kann es um die Auslegung von Tatbestandsmerkmalen und Definitionen gehen. Andererseits können Meinungsverschiedenheiten bezüglich eines Ergebnisses bestehen, dass es möglicherweise zu korrigieren gilt. **63**

Nachdem das Problem im Sachverhalt erkannt wurde, besteht der nächste Gedankenschritt darin, festzustellen, ob der Meinungsstreit überhaupt Relevanz für den Fall besitzt. Soweit sich die unterschiedlichen Lösungsmöglichkeiten nicht auf das Ergebnis auswirken, sind keine weiteren Ausführungen notwendig. **64**

Die Lösungsansätze sind knapp darzustellen, ohne dass es einer aufwendigen Streitdarstellung bedarf. Es reicht die kurze Feststellung, dass die Rechtsfrage unterschiedlich beantwortet werden kann, sich dies jedoch nicht auf die Falllösung auswirkt. **65**

Soweit aber ein Meinungsstreit für die Lösung des Falles von Relevanz ist, gibt es im Wesentlichen zwei Darstellungsformen, die gleichberechtigt nebeneinanderstehen: **66**

1. **Eine Darstellung, geordnet nach Meinungen**
2. **Eine Darstellung, geordnet nach Argumenten und Gegenargumenten**

In der Streitdarstellung entscheidend ist in jedem Fall, dass die Argumente in den Mittelpunkt gerückt werden. Durchdenkt man diese Formen der Darstellung, wird man schnell feststellen, dass auch im ersten Fall eine eigene Position unentbehrlich ist, man muss sich also in jedem Fall positionieren. Bereits daraus lässt sich folgern, dass die zweite Variante eine gewisse Effizienz besitzt.

19 BGH, Beschluss vom 26.1.2016 – KVR 11/15 –, juris Rn. 38.

67 Folgt man ihr, ist die Darstellung wiederum eine Stilfrage. Wer stilistisch nicht sicher ist, kann auf Formulierungen wie *„Man könnte einerseits/andererseits annehmen, dass … “* und *„Dafür/dagegen spricht jedoch, dass … “* zurückgreifen. Dies hat letztlich den Vorteil, dass der Bearbeiter sich selbst dazu zwingt, den Schwerpunkt der Argumentation auf die Argumente selbst zu legen und nicht in floskelartige Ausführungen abzuschweifen. Außerdem kann vermieden werden, dass die bereits genannten Argumente in einer abschließenden „Stellungnahme“ ohne Mehrwert einfach wiederholt werden. Im Anschluss an die genannten Argumente gilt es diese zu bewerten und gegeneinander abzuwägen, wobei in jedem Fall ein Bezug zum konkreten Fall herzustellen ist.

2. Teil

Die Klausuren

Fall 1

Das Trennungs- und Abstraktionsprinzip

Ausgangsfall (Das Trennungsprinzip) 68

A betreibt in Wiesbaden einen kleinen Computerladen für Hard- und Software. Am 6.1.2020 betritt B den Laden des A und möchte einen neuen Laptop erwerben. Dabei fällt sein Blick auf ein Modell der Marke „Turbo RX 5“ für 600 Euro, das im Eigentum des A steht. Nachdem sich A und B über den Kauf des Geräts einig geworden sind und A schon das Gerät B überreichen will, fällt B auf, dass er sein Portemonnaie zu Hause hat liegen lassen. A will B das Gerät erst bei Zahlung übergeben, B hingegen geht davon aus, dass er bereits durch die Einigung Eigentümer des Laptops geworden ist.

Kann B die Übergabe des Laptops an sich verlangen? (Auf § 320 BGB wird hingewiesen. Der Kaufvertrag ist ein gegenseitiger Vertrag i.S.d. Norm.)

Abwandlung (Das Abstraktionsprinzip)

A betreibt in Wiesbaden einen kleinen Tierhandel. Am 6.1.2020 betritt B den Laden des A und möchte eine seltene Leguanart von A erwerben. Beide wissen, dass das Tier zu den besonders geschützten Arten gehört. A und B werden in der Folge handelseinig. A übergibt das Tier an B, und B darf das Tier bereits mit zu sich nach Hause nehmen. Den Kaufpreis darf er in Raten zahlen. Als die Raten ausbleiben, verlangt A die Rückgabe des Tieres.

Kann A die Herausgabe des Leguans verlangen?

§ 44 Abs. 2 Nr. 2 lit. a) BNatschG[1] lautet auszugsweise:

Es ist … verboten, Tiere und Pflanzen der besonders geschützten Arten … zu verkaufen, zu kaufen, zum Verkauf oder Kauf anzubieten, zum Verkauf vorrätig zu halten oder zu befördern, zu tauschen oder entgeltlich zum Gebrauch oder zur Nutzung zu überlassen, (Vermarktungsverbote).

1 Aus didaktischen Gründen verkürzt wiedergegeben

Vorüberlegung

69 Beim Trennungs- und Abstraktionsprinzip geht es für angehende Jurastudierende vordergründig um die Abgrenzung der Begriffe Eigentum und Kaufvertrag. Ein rechtlicher Laie verknüpft die Begriffe Eigentum (§ 903 BGB) und Kaufvertrag oftmals. Das BGB trennt hingegen scharf! Der Abschluss eines Kaufvertrags führt eben nicht zum Erwerb des Eigentums. Das lässt sich bereits aus § 929 S. 1 BGB ablesen. Es bedarf einer separaten dinglichen Einigung.

Das Trennungsprinzip ist freilich noch allgemeiner konzipiert. Denn das BGB trennt zwei Rechtsgeschäftstypen. Nach der Systematik des BGB handelt es sich bei einem Kaufvertrag um ein sog. Verpflichtungsgeschäft und bei der Übereignung um ein sog. Verfügungsgeschäft. Das Verpflichtungsgeschäft ist als Begriff noch selbsterklärend: das Rechtsgeschäft begründet Pflichten der Teilnehmer, bei einem Kaufvertrag eben die in § 433 BGB enthaltenen Pflichten. Ein Verfügungsgeschäft hingegen bezieht sich unmittelbar auf ein bestehendes Recht. Eine Übereignung überträgt das Recht Eigentum von einer Person auf eine andere.

Hintergründig geht es beim Trennungs- und Abstraktionsprinzip um die Frage, welche Konsequenzen aus dem Scheitern von Rechtsgeschäften zu ziehen sind. Durch die Trennung von Eigentumsübertragung und Kaufvertrag ist die Frage auf schuldrechtlicher und auf sachenrechtlicher Ebene unterschiedlich zu beantworten. Man muss also mindestens zwei Anspruchsgrundlagen prüfen.

Klausuren zum Trennungs- und Abstraktionsprinzip sind für Anfänger oft schwierig. In Vorlesungen wird das Thema allerdings sehr früh diskutiert und die meisten Fälle bauen auf dem Prinzip auf. In gewisser Weise ist Fall 1 daher gleich der schwierigste Fall: Das Prinzip ist etwas der Lebenswirklichkeit entrückt und die Klausur erfordert einiges an Fachwissen und eine gute Gutachtenführung.

Ebenso wichtig ist das Verständnis darüber, dass die Normen des BGB AT für das ganze BGB gelten. Eine dingliche Einigung (§ 929 S. 1 BGB) unterliegt denselben Regeln wie eine Einigung für einen Kaufvertrag. Stets geht es um Willenserklärungen. Einziger Unterschied ist deren Bezugspunkt: Eine Einigung im Rahmen eines Kaufvertrags richtet sich darauf, sich zur Eigentumsübertragung zu verpflichten, während die dingliche Einigung sich unmittelbar auf die Eigentumsübertragung bezieht.

Gliederung

A. Der Ausgangsfall 70

I. Anspruch aus § 433 Abs. 1 S. 1 BGB

1. Anspruch entstanden
2. Anspruch untergegangen
3. Anspruch durchsetzbar
4. Ergebnis

II. Anspruch aus §§ 985, 986 BGB

1. Anspruch entstanden
   a) Eigentum
      aa) Ursprüngliche Eigentumslage
      bb) Eigentumsverlust des B
         (1) Dingliche Einigung
         (2) Übergabe
         (3) Zwischenergebnis
   b) Zwischenergebnis
2. Zwischenergebnis
3. Ergebnis

B. Die Abwandlung

I. Anspruch aus §§ 985, 986 BGB

1. Anspruch entstanden
   a) Eigentum
      aa) Ursprünglicher Eigentümer
      bb) Eigentumsverlust an B gemäß § 929 S. 1 BGB
         (1) Einigung
            (a) Dinglicher Vertrag
            (b) Unwirksamkeit gemäß § 134 BGB
            (c) Zwischenergebnis
         (2) Übergabe
         (3) Verfügungsbefugnis
         (4) Einigsein
      cc) Zwischenergebnis
   b) Zwischenergebnis
2. Ergebnis

II. Anspruch aus § 812 Abs. 1 S. 1 Alt. 1 BGB

1. Erlangtes Etwas
2. Durch Leistung
3. Ohne Rechtsgrund
4. Kein Ausschluss nach § 817 S. 2 BGB
5. Rechtsfolge
6. Ergebnis

Musterlösung

A. Der Ausgangsfall

I. Anspruch aus § 433 Abs. 1 S. 1 BGB

71 B könnte gegen A einen Anspruch auf Übergabe des Laptops aus § 433 Abs. 1 S. 1 BGB haben.

1. Anspruch entstanden

72 Das setzt voraus, dass A und B einen wirksamen Kaufvertrag i.S.v. § 433 BGB geschlossen haben. Ein Vertragsschluss setzt zwei übereinstimmende und aufeinander bezogene Willenserklärungen voraus[2] – Angebot und Annahme (§§ 145 ff. BGB). Eine Einigung liegt insoweit vor: Die wesentlichen Bestandteile (essentialia negotii) eines Kaufvertrags sind die Kaufparteien (A und B), die Kaufsache (der Laptop) und der Kaufpreis (600 Euro). Folglich kann B grundsätzlich nach § 433 Abs. 1 S. 1 BGB die Übergabe des Laptops verlangen.

73 Den Absatz hätte man auch kürzer fassen können: „A und B schlossen einen wirksamen Kaufvertrag". Dies empfiehlt sich vor allem dann, wenn schon im Sachverhalt von einer Einigung die Rede ist. Ausführungen über Angebot und Annahme sind dann unnötig.

2. Anspruch untergegangen

74 Anhaltspunkte dafür, dass der Anspruch untergangen ist, bestehen nicht.

3. Anspruch durchsetzbar

75 Dem Verlangen des B könnte jedoch § 320 Abs. 1 S. 1 BGB entgegenstehen. Danach darf der Schuldner der Leistung eines gegenseitigen Vertrags die ihm obliegende Leistung bis zur Bewirkung der Gegenleistung verweigern.

76 § 320 BGB gehört nicht zum Lernstoff des BGB-AT. Die Norm gewährt aber ein Leistungsverweigerungsrecht und erlaubt es daher, den Aufbau der Prüfung bis zum Punkt „Anspruch durchsetzbar" zu illustrieren. Lesen Sie einmal § 322 BGB. § 320 BGB führt dazu, dass die vertragliche Leistung nur Zug-um-Zug bewirkt werden muss. Beide Vertragsparteien müssen also ihre Leistung bewirken. Will man hiervon abweichen, muss man eine sog. Vorleistungspflicht in den Vertrag aufnehmen.

77 Der Kaufvertrag ist ein gegenseitiger Vertrag. Die Verpflichtung zur Kaufpreiszahlung nach § 433 Abs. 2 BGB bezieht sich auf die Verpflichtung zur Übereignung der Kaufsache nach § 433 Abs. 1 S. 1 BGB und umgekehrt.[3] Da A die Kaufpreiszahlung nach § 433

---

2 BGH, NJW 2017, 468 (469); *Schack*, Rn. 177.
3 *Berger*, in: Jauernig, § 433 Rn. 18.

Abs. 2 BGB nicht erbracht hat, hat er seinerseits den Vertrag nicht erfüllt. Somit kann A die Leistung gemäß § 320 BGB verweigern.

4. Ergebnis

B kann aktuell Übergabe und Übertragung des Laptops nach § 433 Abs. 1 S. 1 BGB nicht ohne zu zahlen verlangen. **78**

II. Anspruch aus §§ 985, 986 BGB

B könnte aber nach § 985 BGB einen Anspruch auf Herausgabe des Laptops haben. **79**

§ 985 BGB wird – ebenso wie § 812 Abs. 1 S. 1 Alt. 1 BGB – häufig nicht als Bestandteil des BGB AT-Lernstoffs gesehen. Dies ist jedoch zu kurz gedacht: § 985 BGB und insbesondere § 812 Abs. 1 S. 1 Alt. 1 BGB sind eine Konsequenz des Trennungs- und Abstraktionsprinzips. Die Wirksamkeit des Verfügungsgeschäfts ist streng von der Wirksamkeit des Verpflichtungsgeschäfts zu trennen. Soweit also ein Kaufvertrag nichtig ist, kann die Übereignung dennoch wirksam sein. § 985 BGB und § 812 Abs. 1 S. 1 Alt. 1 BGB dienen dann als Herausgabeansprüche. § 985 BGB für den Fall, dass Eigentum nicht übertragen wurde und § 812 Abs. 1 S. 1 Alt. 1 BGB für den Fall, dass Eigentum übertragen wurde, ohne dass es dafür einen rechtlichen Grund gibt (z.B. einen Kaufvertrag). **80**

1. Anspruch entstanden

Dazu müsste B Eigentümer sein, A im Besitz des Laptops und A dürfte kein Recht zum Besitz zustehen. **81**

Das BGB unterscheidet zwischen Besitz und Eigentum. Eigentum ist ein Recht. Besitz ist eine tatsächliche Beziehung zu einer Sache, die sog. tatsächliche Sachherrschaft (§ 854 Abs. 1 BGB). Ein Dieb kann Besitz an der Sache haben, aber eben kein Eigentum. § 985 BGB besagt dann nichts anderes, als dass der Dieb die Sache herausgeben muss. **82**

a) Eigentum

Zunächst müsste B Eigentümer des Laptops sein. **83**

Man prüft die Eigentumslage immer chronologisch. Das heißt, man beginnt zeitlich am Anfang des Sachverhalts und prüft dann alle folgenden Rechtsgeschäfte. Man beginnt daher die Prüfung traditionell mit: „Ursprünglich …“ **84**

aa) Ursprünglicher Eigentümer des Laptops

Ursprünglich stand der Laptop im Eigentum des A. **85**

bb) Eigentumsverlust an B gem. § 929 S. 1 BGB

86 A könnte das Eigentum an B nach § 929 S. 1 BGB verloren haben. Der Eigentumserwerb richtet sich nicht nach § 433 BGB, sondern nach § 929 BGB. § 433 BGB gewährt nur einen Anspruch auf Verschaffung des Eigentums. Die Voraussetzungen für die Übertragung des Eigentums sind in den §§ 929 ff. BGB geregelt. Es gilt das Trennungsprinzip.

87 Streng genommen muss dieser Absatz nach dem ersten Satz nicht im Gutachten stehen. Da Anfänger aber oftmals § 433 BGB nicht genau lesen und denken, man erwerbe Eigentum durch den Kaufvertrag, ist die Passage hier zur Klarstellung aufgenommen worden.

(1) Dingliche Einigung

88 § 929 S. 1 BGB setzt voraus, dass sich A und B über die Übertragung des Eigentums geeinigt haben. Diese sog. dingliche Einigung stellt einen Vertrag dar.[4] Die wesentlichen Bestandteile dieses Vertrags sind die Vertragsparteien: A und B, die Existenz einer Sache und der Übergang des Eigentums (sog. sachenrechtlicher Minimalkonsens).[5] Die Einigung zwischen A und B über den Erwerb des Laptops enthält nicht nur eine Einigung über den Kaufvertrag, sondern zugleich eine Einigung über die Übertragung des Eigentums. Beide Verträge wurden simultan geschlossen.

(2) Übergabe

89 Als weitere Voraussetzung verlangt § 929 S. 1 BGB, dass die Sache übergeben wurde. Hieran fehlt es vorliegend.

(3) Zwischenergebnis

90 Die Voraussetzungen des § 929 S. 1 BGB liegen nicht vor. Der Eigentumserwerb des B scheitert.

b) Zwischenergebnis

91 B ist nicht Eigentümer des Laptops.

92 Man kann sicherlich darüber streiten, ob so viele Zwischenergebnisse erforderlich oder gar stilistisch ansprechend sind. Um an dieser Stelle den Gutachtenstil und die Anspruchsprüfung zu dokumentieren, erfolgt die Lösung entsprechend ausladend.

2. Zwischenergebnis

93 Ein Anspruch aus § 985 BGB ist nicht wirksam entstanden.

---

4 *Berger*, in: Jauernig, § 929 Rn. 4.
5 Hierzu: *Bayerle*, JuS 2009, 1079 (1079).

3. Ergebnis

B kann die Übergabe des Laptops an sich nicht nach § 985 BGB verlangen. **94**

B. Die Abwandlung

I. Anspruch aus §§ 985, 986 BGB

A könnte gegen B einen Anspruch auf Herausgabe des Leguans nach § 985 BGB haben. **95**
Gemäß § 90a S. 1 u. 3 BGB sind Tiere zwar keine Sachen, auf sie sind allerdings die für Sachen geltenden Vorschriften entsprechend anzuwenden, soweit nicht etwas anderes bestimmt ist.

1. Anspruch entstanden

Dazu müsste A Eigentümer sein, B im Besitz des Leguans und A dürfte kein Recht zum **96**
Besitz zustehen.

a) Eigentum

Zunächst ist die Eigentumslage zu prüfen. **97**

aa) Ursprünglicher Eigentümer

Ursprünglich stand der Leguan im Eigentum des A. Nach § 1006 BGB wird vermutet, **98**
dass der Eigenbesitzer Eigentümer des Leguans ist.

Erneut ein Vorgriff auf das Sachenrecht. § 1006 BGB ist in der Praxis ein wichtiger Paragraf, da **99**
oftmals nicht klar ist, wer Eigentümer ist. Enthält der Sachverhalt also keine Anhaltspunkte zur Eigentumslage, können Sie sich am Besitz, also der tatsächlichen Sachherrschaft, orientieren.

bb) Eigentumsverlust an B gem. § 929 S. 1 BGB

A könnte das Eigentum jedoch an B nach § 929 S. 1 BGB verloren haben. **100**

(1) Einigung

Zunächst müssten sich A und B über den Eigentumsübergang geeinigt haben. **101**

(a) Dinglicher Vertrag

§ 929 S. 1 BGB setzt zunächst voraus, dass sich A und B über die Übertragung des **102**
Eigentums geeinigt haben. Die sog. dingliche Einigung stellt einen Vertrag dar.[6] Die wesentlichen Bestandteile dieses Vertrags, sind die Vertragsparteien: A und B, die Existenz einer Sache und die Abrede, dass das Eigentum übergehen soll (s.o.). Die Einigung zwischen A und B über den Erwerb des Leguans enthält nicht nur eine Einigung über den Kaufvertrag, sondern zugleich eine Einigung über die Übertragung des Eigentums.

6 BGH, NJW 1958, 1133 (1134).

(b) Unwirksamkeit nach § 134 BGB[7]

103 Jedoch könnte die dingliche Einigung nach § 134 BGB i.V.m. § 44 Abs. 2 Nr. 2 lit. a) BNatschG unwirksam sein.

Es stellt sich die Frage, ob § 134 BGB i.V.m. § 44 Abs. 2 Nr. 2 lit. a) BNatschG das dingliche Rechtsgeschäft erfasst. Der Wortlaut der Norm spricht von einem „Verkauf". Nach der deutschen Rechtsordnung ist zwischen Verkauf und Übereignung streng zu trennen (Trennungsprinzip). Es liegt daher nahe, im Umkehrschluss die dingliche Einigung als nicht von § 44 Abs. 2 Nr. 2 lit. a) BNatschG erfasst anzusehen. Für die Erfassung des dinglichen Rechtsgeschäfts spricht der Sinn und Zweck, den Handel mit diesen Tieren effektiv zu bekämpfen. Jedoch kann dieser Punkt nicht über die eindeutige Entscheidung des Gesetzgebers hinweghelfen, nur den Verkauf dem Verbot zuzuordnen. Daher ist die dingliche Einigung wirksam *(eine andere Ansicht erscheint hier mit entsprechend ausführlicher Begründung vertretbar).*

(c) Zwischenergebnis

104 Die dingliche Einigung ist wirksam.

(2) Übergabe

105 Eine Übergabe setzt den Verlust des Besitzes beim Veräußerer und die Einräumung des unmittelbaren Besitzes beim Erwerber auf Veranlassung des Veräußerers voraus.[8] Das lag hier unproblematisch vor.

(3) Verfügungsberechtigung

106 Als Eigentümer war A auch verfügungsbefugt.

(4) Einigsein

107 Nach dem Wortlaut des § 929 S. 1 BGB müssen sich die Vertragspartner auch im Zeitpunkt der Übergabe einig sein.[9] Im Zeitpunkt der Übergabe waren sich A und B weiterhin einig.

cc) Zwischenergebnis

108 Mithin hat A sein Eigentum an B verloren.

b) Zwischenergebnis

109 Mangels Eigentums besteht aktuell kein Anspruch aus § 985 BGB.

2. Ergebnis

110 A kann nicht die Herausgabe von B über § 985 BGB verlangen.

---

7 Vgl. zu § 134 BGB *Schack*, Rn. 251 ff.
8 *Berger*, in: Jauernig, § 929 Rn. 8.
9 So die heute ganz h.M., vgl. *Berger*, in: Jauernig, § 929 Rn. 6.

II. Anspruch aus § 812 Abs. 1 S. 1 Alt. 1 BGB

A könnte gegen B einen Anspruch auf Herausgabe des Leguans aus § 812 Abs. 1 S. 1 Alt. 1 BGB haben. **111**

Typisch für zivilrechtliche Klausuren ist es, dass ein unbekannter Einstieg zu bekannten Problemen führt. In Anfängerklausuren geschieht dies häufig über § 812 Abs. 1 S. 1 Alt 1 BGB, denn bei der Prüfung des Herausgabeanspruchs stellt sich immer inzident die Frage, ob ein Rechtsgrund besteht. Dieser Rechtsgrund ist häufig ein Vertrag, sodass dann zu prüfen ist, ob dieser Vertrag wirksam ist (hier können dann sämtliche Probleme aus der Rechtsgeschäftslehre auftauchen). Ist der Vertrag wirksam, scheidet ein Anspruch aus § 812 Abs. 1 S. 1 Alt 1 BGB aus. **112**

1. Erlangtes Etwas

Dazu müsste B etwas erlangt haben. Erlangtes Etwas i.S.v. § 812 BGB kann jeder vermögenswerte Vorteil sein, wobei der Vorteil gegenständlich zu fassen ist.[10] Nach dem oben Gesagten erlangte B sowohl den Besitz am Leguan, d.h. die tatsächliche Sachherrschaft i.S.v. § 854 BGB, als auch das Eigentum. Somit ist sein Vermögen um zwei vermögenswerte Positionen erhöht. **113**

2. Durch Leistung

Unter einer Leistung versteht man jede bewusste und zweckgerichtete Mehrung fremden Vermögens.[11] Aus objektiver Perspektive hat A den Besitz und das Eigentum übertragen, um seine Verpflichtung aus dem Kaufvertrag (§ 433 Abs. 1 S. 1 BGB) zu erfüllen. Er leistete *solvendi causa*. **114**

3. Ohne Rechtsgrund

Ein Rechtsgrund für die Erlangung des Vermögensvorteils durch Leistung fehlt, wenn der Empfänger zum Zeitpunkt der Leistung kein Recht auf die Leistung hatte.[12] Grundsätzlich basieren sachenrechtliche Verfügungen auf einem schuldrechtlichen Kausalgeschäft. Bei einem Kaufvertrag folgt das Recht auf die Verschaffung des Eigentums aus § 433 Abs. 1 S. 1 BGB. Ist der Kaufvertrag unwirksam, erfolgt die Übereignung nach § 929 BGB ohne rechtlichen Grund. **115**

Zu prüfen ist daher, ob der Kaufvertrag unwirksam ist. Der Vertrag könnte gem. § 134 BGB i.V.m. § 44 Abs. 2 Nr. 2 lit. a) BNatschG unwirksam sein. Nach dem oben Gesagten stellt die Norm ein Verbotsgesetz dar und der Leguan fällt unter die besonders geschützten Tiere. Ferner verbietet die Norm sowohl den Ankauf als auch den Verkauf und das Verbot bezieht sich auch auf beide Vertragsparteien. Der Kaufvertrag ist daher umfänglich verboten und somit nichtig.

10 *Wendehorst*, in: Hau/Poseck, § 812 Rn. 55.
11 *Stadler*, in: Jauernig, § 812 Rn. 3.
12 *Stadler*, in: Jauernig, § 812 Rn. 12.

4. Kein Ausschluss nach § 817 S. 2 BGB

116 Nach § 817 S. 2 BGB ist die Rückforderung ausgeschlossen, wenn Leistender und Leistungsempfänger gegen ein gesetzliches Verbot verstoßen. Die Rechtsprechung wendet § 817 S. 2 BGB über seinen Wortlaut hinaus auch auf § 812 Abs. 1 S. 1 Alt. 1 BGB an.[13] Jedoch ist anerkannt, dass § 817 S. 2 BGB dann nicht anzuwenden ist, wenn der Ausschluss des Herausgabeanspruchs mit dem Sinn und Zweck des Verbotsgesetzes in Konflikt gerät.[14]

§ 44 Abs. 2 Nr. 2 lit. a) BNatschG soll nach seinem Sinn und Zweck den Erwerb des Tieres verhindern. Würde B hier das Eigentum an dem Leguan behalten dürfen, würde dies dazu führen, dass § 817 S. 2 BGB ihm das Tier belässt. Das kann nicht gewollt sein. § 817 S. 2 BGB führt daher vorliegend nicht zum Ausschluss des Anspruchs.

117 § 817 S. 2 BGB ist wichtiges korrigierendes Element für § 134 BGB i.V.m. § 812 Abs. 1 S. 1 Alt. 1 BGB. Denn die Norm erlaubt über § 812 Abs. 1 S. 1 Alt. 1 BGB im Einzelfall das erlangte Etwas in Übereinstimmung mit dem Schutzgesetz beim Bereicherten zu belassen, wenn dies dem Schutzgesetz eher entspricht als die Rückabwicklung.

5. Rechtsfolge

118 Nach §§ 812, 818 Abs. 1 BGB ist das erlangte Etwas herauszugeben. Die Herausgabe des Besitzes erfolgt durch Wiedereinräumung des Besitzes. Die Herausgabe des Eigentums setzt Rückübereignung des Leguans voraus. Nach § 929 S. 1 BGB muss dazu der Leguan übergeben werden.

6. Ergebnis

119 A kann von B Herausgabe des Leguans nach § 812 Abs. 1 S. 1 Alt. 1 BGB verlangen.

120 Das Trennung- und Abstraktionsprinzip ist keine Norm, sondern ein **Rechtsprinzip**. Es kommt erst im Zusammenspiel von §§ 433, 985, 812, 134 BGB zum Ausdruck. Das Prinzip bereitet nicht nur Studienanfängern wegen seiner Trennung von Kaufvertrag und Eigentum große Probleme. Bis hinein in Examensarbeiten werden hier Fehler gemacht.

121 **Weiterführender Hinweis:** Der Unterschied wird erst so richtig deutlich in der Insolvenz. Hat der Insolvenzschuldner Eigentum erlangt, fällt das Eigentum in die Insolvenzmasse und dient zur Befriedigung aller Gläubiger. Der Verkäufer erhält dann in aller Regel nur einen Bruchteil seiner Forderung aus § 433 Abs. 2 BGB. Hat der Verkäufer hingegen das Eigentum behalten (etwa mangels Übergabe), kann er weiterhin mit seinem Eigentum nach Belieben verfahren und hat grundsätzlich keine Vermögenseinbuße.

---

13 BGH, NJW 1965, 1585.

14 Vgl. die Darstellung bei: *Stadler*, in: Jauernig, § 817 Rn. 13 f.

Vertiefungshinweise

Zum Trennungs- und Abstraktionsprinzip: **122**

Medicus/Petersen, Rn. 104 ff.
Bayerle, Trennungs- und Abstraktionsprinzip in der Fallbearbeitung, JuS 2009, 1079

Zu § 929 BGB:

Westermann/Staudinger, Sachenrecht, Rn. 53 ff.

Zur Nichtigkeit von Rechtgeschäften wegen § 134 BGB:

Schack, BGB Allgemeiner Teil, § 12
Medicus/Petersen, Rn. 644 ff.

Zu § 817 S. 2 BGB:

Müller/Eckel, Grundfälle zur Rückabwicklung sittenwidriger „Schenkkreise", JuS 2013, 966

Fall 2

Rechtssubjekte, Rechtsfähigkeit und Notwehr

123 Die schwangere M wird im Krankenhaus K, einer GmbH, durch den behandelnden Arzt A betreut. Im Rahmen einer Bluttransfusion wurde M mit Lues (= Syphilis) infiziert. A verstieß dabei sorgfaltswidrig gegen eine Behandlungsrichtlinie. Hätte sich A ordnungsgemäß verhalten, wäre es nicht zu der Infektion gekommen. K hingegen kann kein Organisationsverschulden nachgewiesen werden. Wenige Monate später kommt Ms Sohn S lebendig zur Welt. Auch S ist mit Lues infiziert.

Hat S einen Anspruch aus §§ 823 Abs. 1, 253 Abs. 2 BGB gegen A und gegen K auf Schmerzensgeld? Auf den Behandlungsvertrag als Rechtfertigungsgrund ist nicht einzugehen.

Abwandlung

M erkennt bei der Behandlung, dass A offensichtlich betrunken ist und verweigert eine Behandlung. Als dieser sich ihr mit einer Spritze nähert und trotz wiederholter Aufforderung und Abwehrhandlungen durch M die Spritze ansetzt, reißt M ihm diese kurzerhand aus der Hand und sticht sie ihm in den Arm. A erkrankt an Gelbsucht. Die Spritze war verunreinigt.

Hat A gegen M einen Anspruch aus § 823 Abs. 1 BGB?

Vorüberlegung

Ausgangspunkt des Bürgerlichen Rechts ist das Individuum und dessen Rechtsfähigkeit. Sobald jemand oder etwas rechtsfähig ist, wird es zum sog. Rechtssubjekt. Das Rechtssubjekt kann Rechte tragen und Pflichten ausgesetzt sein. Die Durchsetzung dieser Rechte ist jedoch auf die staatliche Durchsetzung beschränkt. Selbsthilfe ist nur in engen Grenzen zulässig. **124**

Neben vertraglichen und dinglichen Ansprüchen sind auch deliktische Ansprüche von großer Bedeutung. Dabei handelt es sich ebenso um schuldrechtliche Ansprüche, die nicht aus einem vertraglichen Schuldverhältnis folgen. Es handelt sich um eine Haftung für Verletzungshandlungen, die gegenüber jedermann bestehen kann. Die Zentralnorm für deliktische Haftung ist § 823 Abs. 1 BGB.

Gliederung

A. Der Ausgangsfall **125**
- **I. Anspruch aus § 823 Abs. 1 BGB gegen A**
  1. Rechtsgutverletzung
     a) Verletzung eines anderen
     b) Gesundheitsschädigung
  2. Widerrechtlichkeit
  3. Vorsatz/Fahrlässigkeit
  4. Schaden
- **II. Anspruch aus § 823 Abs. 1 BGB gegen K**
  1. Rechtsgutsverletzung
  2. Ergebnis

B. Abwandlung
- **I. Anspruch aus § 823 Abs. 1 BGB**
  1. Rechts-/Rechtsgutsverletzung
  2. Widerrechtlichkeit
     a) Notwehrlage
        aa) Angriff
        bb) Gegenwärtigkeit
        cc) Rechtswidrigkeit
        dd) Zwischenergebnis
     b) Notwehrhandlung
        aa) Erforderlichkeit
        bb) Gebotenheit
        cc) Verteidigungswille
        dd) Zwischenergebnis
  3. Ergebnis

Musterlösung

A. Der Ausgangsfall

I. Anspruch des S gegen A aus § 823 Abs. 1 BGB

126 S könnte gegen A einen Anspruch aus § 823 Abs. 1 BGB haben.

127 Der Anspruch aus § 823 Abs. 1 BGB folgt aus einem gesetzlichen Schuldverhältnis. Dieses entsteht nicht durch den rechtsgeschäftlichen Willen der Parteien (§§ 145 ff. BGB), sondern durch die Erfüllung eines Tatbestandes: Die vorsätzliche oder fahrlässige widerrechtliche Rechtsverletzung eines anderen. Die gesetzlich angeordnete Rechtsfolge ist der Ersatz des daraus entstehenden Schadens.

1. Rechts-/Rechtsgutsverletzung

128 Dazu müsste A den Körper und die Gesundheit eines anderen verletzt haben.

a) Verletzung „eines Anderen"

129 Es stellt sich zunächst die Frage, ob S ein anderer i.S.v. § 823 Abs. 1 BGB war. Ein anderer ist grundsätzlich jedes rechtsfähige Rechtssubjekt.[1] Nach § 1 BGB beginnt die Rechtsfähigkeit des Menschen mit der Vollendung der Geburt.

Folgt man dem Wortlaut von § 823 Abs. 1 BGB und § 1 BGB, wäre S im Zeitpunkt der schädigenden Handlung des A nicht rechtsfähig gewesen. Dennoch kann diese Lösung nicht überzeugen.[2] Im Grundsatz genügt es zunächst, dass eine Handlung einen späteren Erfolg verursacht hat. Das Kind ist krank zur Welt gekommen. Dass es in dieser Hinsicht nie gesund war, hat hingegen untergeordnete Bedeutung. Das Kind war als Leibesfrucht im Körper der Mutter bereits angelegt und mit dem späteren Menschen ein identisches Wesen. Geht man hiervon aus, spricht auch der Sinn und Zweck von § 823 Abs. 1 BGB selbst für die Haftung. Bereits der werdende Mensch *(nasciturus)* muss vor solchen Handlungen geschützt werden, die – so er lebt – ohne weiteres eine Haftung nach § 823 Abs. 1 BGB begründen. Anderenfalls wäre der Schutz und das Schutzversprechen der Rechtsordnung verkürzt. Voraussetzung ist aber, dass der *nasciturus* später als rechtsfähig i.S.v. § 1 BGB zur Welt kommt.

Als später lebendig geborener *nasciturus* war S ein anderer i.S.v. § 823 Abs. 1 BGB.

b) Gesundheitsschädigung

130 Weiter müsste der Körper und/oder die Gesundheit geschädigt worden sein.

---

1 *Wagner*, in: MüKoBGB, § 823 Rn. 194.
2 So auch die ganz h.M.: BGH, NJW 1972, 1126; *Wagner*, in: MüKoBGB, § 823 Rn. 233.

Der Begriff der Körperverletzung wird weit als unbefugter Eingriff in die Integrität der körperlichen Befindlichkeit verstanden.[3] Der ärztliche Heileingriff ist vor diesem Hintergrund eine tatbestandliche Körperverletzung.[4] Auf die Lues-Infektion kommt es nicht an.

Eine Gesundheitsverletzung ist jedes Hervorrufen oder Steigern eines von den normalen körperlichen Funktionen nachteilig abweichenden Zustandes.[5] Durch die Infektion mit Lues wurde von den körperlichen Funktionen negativ abgewichen. Mithin hat A den Körper und die Gesundheit des S geschädigt.

2. Widerrechtlichkeit

Die Körper- und Rechtsgutsverletzung indiziert die Rechtswidrigkeit.[6] Auf den Behandlungsvertrag als Rechtfertigungsgrund ist laut Bearbeitervermerk nicht einzugehen. **131**

3. Vorsatz/Fahrlässigkeit

Vorsatz des A ist nicht ersichtlich. Allerdings könnte er die im Verkehr erforderliche Sorgfalt außer Acht gelassen haben und somit gemäß § 276 Abs. 2 BGB fahrlässig gehandelt haben. Als Arzt schuldet A eine sog. gruppentypische Sorgfalt.[7] Man kann von ihm das Verhalten erwarten, dass in der konkreten Situation von jedem Arzt erwartet werden kann. Man kann von einem Arzt erwarten, dass er sich mit den geltenden Anforderungen für den Heileingriff vertraut macht. Insofern handelte A fahrlässig. **132**

4. Schaden

Grundsätzlich werden nur materielle Schäden ersetzt (§ 253 Abs. 1 BGB). In den Fällen des § 253 Abs. 2 BGB lässt die Rechtsordnung aber auch Schadensersatz durch Entschädigung in Geld zu. Die Verletzung des Körpers und der Gesundheit gehören zu den durch die Norm genannten Fallgruppen. Somit kann S nach § 253 Abs. 2 BGB immateriellen Schaden ersetzt verlangen (sog. Schmerzensgeld). **133**

II. Der Anspruch S gegen K aus § 823 Abs. 1 BGB

S könnte auch einen Anspruch gegen K aus §§ 823 Abs. 1, 253 Abs. 2 BGB haben. **134**

1. Rechts-/Rechtsgutverletzung

Dazu müsste K den Körper und die Gesundheit eines anderen verletzt haben. **135**

Nach dem oben Gesagten hat A den Körper und die Gesundheit des S geschädigt. K hat auch nicht durch ihre Organe gehandelt. Es stellt sich die Frage, ob das Verhalten des Arztes K zugerechnet werden kann.

---

3 BGH, NJW 2013, 3634 (3635).
4 *Wagner*, in: MüKoBGB, § 823 Rn. 1073 ff.
5 BGH, NJW 2005, 2614 (2615).
6 Sog. Lehre vom Erfolgsunrecht: *Förster*, in: Hau/Poseck, § 823 Rn. 17.
7 BGH, NJW 2000, 2812 (2813).

136 Nach § 31 ist ein Verein für den Schaden verantwortlich, den ein verfassungsmäßig berufener Vertreter durch eine in Ausführung der ihm zustehenden Verrichtungen begangene, zum Schadensersatz verpflichtende Handlung einem Dritten zufügt. Die Norm stellt keine Anspruchsgrundlage, sondern eine Zurechnungsnorm dar. Nach allgemeiner Meinung wird die Norm über ihren Wortlaut hinaus auf alle Körperschaften angewandt, insbesondere auf die GmbH.[8] Der Verein stellt nämlich die Urform aller Körperschaften dar.

Um § 31 zu erfüllen, muss weder Vertretungsmacht noch eine satzungsmäßige Stellung bestehen. Dem Verein steht es frei, darüber zu entscheiden, für wen er haften will. Es genügt, dass dem Vertreter wesensmäßige Funktionen der juristischen Person zur selbstständigen, eigenverantwortlichen Erfüllung zugewiesen sind, dass er also die juristische Person auf diese Weise repräsentiert.[9]

Zwar nimmt ein Arzt die Behandlung der Patienten vor, das ist jedoch das typische Wesen eines Krankenhauses und nicht Ausdruck einer besonderen Stellung. Damit repräsentiert ein Arzt das Krankenhaus nicht. Ein behandelnder Arzt allein ist somit kein verfassungsmäßig berufener Vertreter der K.[10]

2. Ergebnis

137 K haftet nicht nach §§ 823 Abs. 1, 253 Abs. 2 BGB.

B. Die Abwandlung

I. Anspruch aus § 823 Abs. 1 BGB

138 A könnte gegen M einen Anspruch aus § 823 Abs. 1 BGB haben.

1. Rechts-/Rechtsgutsverletzung

139 M verletzte den Körper und die Gesundheit des A durch die Spritze und die spätere Infektion mit Gelbsucht selbst.

2. Widerrechtlichkeit

140 Die Körper- und Rechtsgutverletzung indiziert die Rechtswidrigkeit. Jedoch könnte das Verhalten der M nach § 227 Abs. 1 BGB gerechtfertigt sein. Danach ist eine durch Notwehr gebotene Handlung nicht widerrechtlich.

a) Notwehrlage

141 Dazu müsste zunächst eine Notwehrlage, ein gegenwärtiger, rechtswidriger Angriff gegen M, bestehen.

---

8 *Ellenberger*, in: Grüneberg, BGB, § 31 Rn. 3.
9 *Mansel*, in: Jauernig, § 31 Rn. 3.
10 Anders zum Arzt in leitender Funktion: *Mansel*, in: Jauernig, § 31 Rn. 3.

aa) Angriff

Ein Angriff ist das auf eine Verletzung rechtlich geschützter Güter und Interessen zielende aktive Handeln eines Menschen.[11] Das Ansetzen der Spritze war darauf ausgerichtet, die Spritze in den Körper der M zu führen und stellt somit einen Angriff i.S.v. § 227 BGB dar. **142**

bb) Gegenwärtigkeit

Der Angriff ist gegenwärtig, solange er unmittelbar bevorsteht, andauert oder noch nicht abgeschlossen ist.[12] Das Ansetzen stand unmittelbar bevor und war somit gegenwärtig. **143**

cc) Rechtswidrigkeit

Der Angriff ist rechtswidrig, wenn die Rechtsordnung für die (drohende) Rechtsverletzung keinen Rechtfertigungsgrund bereithält.[13] Grundsätzlich kommt eine Rechtfertigung von ärztlichen Heileingriffen durch die Erlaubnis des Patienten in Betracht. Hier hatte M jedoch offensichtlich ihre Erlaubnis zurückgezogen. Somit war der Angriff auch rechtswidrig. **144**

dd) Zwischenergebnis

Eine Notwehrlage bestand. **145**

b) Notwehrhandlung

Weiterhin müsste M auf die Notwehrlage ordnungsgemäß reagiert haben. **146**

aa) Erforderlichkeit (objektives Element)

Nach § 227 Abs. 2 BGB muss die Handlung erforderlich gewesen sein. Erforderlich ist die Verteidigungshandlung, wenn sie zur sofortigen und endgültigen Niederschlagung des Angriffs – wenigstens teilweise – geeignet ist und es sich bei ihr um das mildeste Abwehrmittel handelt, das dem Angegriffenen in der konkreten Situation zur Verfügung steht. Beide Kriterien sind rein objektiv auf Grund eines ex-ante-Urteils zu bestimmen.[14] **147**

Nach § 227 BGB kann sowohl die defensive Abwehr des Angriffs (sog. Schutzwehr) als auch die Abwehr in Gestalt eines Gegenangriffs (sog. Trutzwehr) erforderlich sein. Trutzwehr ist aber erst dann erforderlich, wenn die Schutzwehr keinen Erfolg verspricht. Angesichts der schweren Kalkulierbarkeit dürfen an die in einer konkreten Situation zu treffende Entscheidung indes keine überhöhten Anforderungen gestellt werden.[15]

M hat A aufgefordert, die Spritze nicht zu setzen und hat sich hiergegen gewehrt. Diese Maßnahmen der Schutzwehr waren erfolglos, so dass es grundsätzlich als zulässig erscheint zur Trutzwehr überzugehen.

---

11 BGH NJW 1967, 46 (47).
12 BGH NJW 1973, 255 (255).
13 BGH NJW 1996, 3205 (3207).
14 *Grothe*, in: MüKoBGB, § 227 Rn. 13.
15 *Grothe*, in: MüKoBGB, § 227 Rn. 13.

Hinsichtlich des Stechens mit der Spritze stellt sich die Frage, ob dies wirklich erforderlich war. M hätte A auch die Spritze bloß aus der Hand schlagen können. Allerdings ist zu beachten, dass die konkrete Situation mehr als komplex war und deshalb keine allzu hohen Anforderungen an die Notwehrhandlung gestellt werden dürfen. Weiterhin verlangt § 227 BGB keine umfassende Abwägung i.S. einer Verhältnismäßigkeitsprüfung. Da andere Maßnahmen scheiterten, erscheint die Reaktion daher erforderlich (a.A. vertretbar).

bb) Gebotenheit

148 Weiterhin müsste die Notwehrhandlung auch geboten i.S.v. § 227 BGB sein. Grundsätzlich ist eine erforderliche Notwehrhandlung geboten. Eine Ausnahme kann jedoch gemacht werden, wenn die Notwehrhandlung evident in einem Missverhältnis zu dem betroffenen Rechtsgut steht. Das ist hier nicht erkennbar, sowohl bei M als auch bei A geht es um die körperliche Integrität.

cc) Verteidigungswille (subjektives Element)

149 Umstritten ist, ob die Notwehr von einem Verteidigungswillen getragen sein muss.[16] Da dieser bei M vorliegt, muss nicht entschieden werden, ob dieses subjektive Element von § 227 BGB vorausgesetzt wird.

dd) Zwischenergebnis

150 M war nach § 227 Abs. 1 BGB gerechtfertigt und handelte dementsprechend nicht widerrechtlich.

3. Ergebnis

151 Ein Anspruch aus § 823 Abs. 1 BGB besteht nicht.

Vertiefungshinweise

152 Zu § 823 Abs. 1 BGB:

Lorenz, JuS 2019, 852

Zum Rechtssubjekt:

Schack, BGB Allgemeiner Teil, Rn. 1 ff.
Medicus/Petersen, Rn. 1036 ff.

Zur Selbsthilfe:

Medicus/Petersen, Rn. 151 ff.

Zu § 31 BGB:

Schack, BGB Allgemeiner Teil, Rn. 116 ff.
Piper, Die Haftung für Organe nach § 31 BGB, JuS 2011, 490

Zu § 253 BGB:

Neuner, Das Schmerzensgeld, JuS 2013, 577

16 Vgl. die Streitdarstellung bei *Dennhardt*, in: Hau/Poseck, § 227 Rn. 13.

Fall 3

Rechtsobjekte

Der 18-jährige Student S bezieht zur Aufnahme seines Studiums eine Wohnung im Rheingauviertel. Hierzu schließt er mit V einen Mietvertrag über eine 40m² große Wohnung ab. V ist der Eigentümer der Wohnung. Die Mutter (M) des S will ihrem Sohn etwas Gutes tun und bestellte beim Online-Händler O eine kleine Einbauküche, die online genau an die Maße der Küche der Wohnung angepasst wurde. Der Kaufvertrag enthielt die Regelung, dass die Küche an S geliefert und übertragen werden sollte. O lieferte die Küchenteile vier Wochen später termingerecht. 153

Nach dem Ende der Mietzeit wollten M und S die Küche dann verkaufen. In die Küche wurde u.a. eine Mikrowelle eingefasst. M, der Vater und S bauten die Küche dann eigenhändig in die Wohnung ein.

Im Laufe des Studiums verkam S die Lust auf Fertiggerichte. Er entfernte die Mikrowelle aus der Küche. Hierzu stemmte er die Holzverkleidung auf, die dabei zerstört wurde, und löste die fixierenden Schrauben. Sodann verschenkte er das Gerät an seinen Kommilitonen K und übergab es ihm bei dessen Besuch. Ohne ein Wort zu sagen, nahm K die Mikrowelle mit zu sich nach Hause und nutzt sie seitdem.

Ist K Eigentümer der Mikrowelle geworden? (lies: § 946 BGB)

Vorüberlegung

154 Das Bürgerliche Recht entwickelt sich aus Rechtsbeziehungen von Rechtssubjekten zueinander. Daneben ordnet das Sachenrecht Rechtssubjekten Gegenstände zu. Um diese Beziehung zu verrechtlichen, werden Rechte an sog. Rechtsobjekten begründet. Auf diese Weise kann insbesondere Eigentum an einer Sache begründet werden. Der allgemeine Teil des BGB enthält in §§ 90 ff. BGB allgemeine Regeln zur Bestimmung von Sachen und ihrer Bestandteile sowie Sachgesamtheiten.

Oft treten im Sachverhalt mehrere Personen auf. Je mehr Personen vorkommen, desto schwieriger wird es, den Überblick zu behalten. Deswegen empfiehlt es sich, eine Skizze mit den jeweiligen Rechtsbeziehungen zu entwerfen. Selbiges gilt für Sachverhalte, die unterschiedliche Zeitpunkte benennen.

Gliederung

155 **A. Ursprünglicher Eigentümer**

B. Erwerb des S

I. Bewegliche Sache
II. Dingliche Einigung mit S
III. Übergabe
IV. Verfügungsbefugnis
V. Einigsein
VI. Zwischenergebnis

C. Erwerb durch V

I. Bewegliche Sache
II. Grundstück
III. Verbindung
IV. Die Mikrowelle als wesentlicher Bestandteil
  1. Bestandteil
  2. Scheinbestandteil
V. Ergebnis

D. Erwerb des K

I. Dingliche Einigung mit K
II. Übergabe
III. Verfügungsbefugnis
IV. Einigsein
V. Zwischenergebnis

E. Ergebnis

Musterlösung

Zu prüfen ist, ob K Eigentümer der Mikrowelle ist. **156**

Zur Wiederholung: Die Eigentumslage wird immer chronologisch geprüft. Daher verwendet man die Formulierung „Ursprünglich war X Eigentümer der Sache". Für etwas Abwechslung kann auch das Wort „zunächst" sorgen. Im Folgenden müssen alle möglichen Eigentumsveränderungen geprüft werden, also sämtliche dingliche Einigungen sowie potenziell erfüllte Tatbestände, die sich auf die Eigentumslage auswirken. **157**

A. Ursprünglicher Eigentümer

Zunächst war O Eigentümer der Mikrowelle (§ 1006 BGB). Da die Küche nicht zusammengebaut geliefert wurde, sondern in Einzelteilen, liegt eine sog. Sachgesamtheit vor. Die Küche bestand aus Einzelteilen. **158**

B. Erwerb des S

O könnte das Eigentum an der Mikrowelle gemäß § 929 S. 1 BGB verloren haben. **159**

I. Bewegliche Sache

Da § 929 BGB immer auf eine Einzelsache abstellt (sog. Spezialitätsprinzip), ist das Schicksal der Sachgesamtheit bei Lieferung nicht von Belang. Zu prüfen ist allein die Mikrowelle, eine Sache i.S.v. § 90 BGB. **160**

II. Dingliche Einigung mit S

Wird eine Sache geliefert, wird bei Übergabe ein dinglicher Vertrag geschlossen. Fraglich ist aber, an wen die Sache übereignet wurde. Hier kommen in erster Linie M und S in Betracht. Zwar schloss M den Kaufvertrag i.S.v. § 433 BGB mit O. Die Verpflichtung zur Übereignung i.S.v. § 433 Abs. 1 S. 1 BGB benannte jedoch S. Insofern lässt sich nach §§ 133, 157, 242 BGB darauf schließen, dass S bei der Lieferung des O nach § 929 S. 1 BGB das Eigentum erwerben sollte. Die dingliche Einigung bezog sich daher auf S und O sowie das Eigentum. **161**

III. Übergabe

Weiterhin müsste O die Sache an S übergeben haben. Eine Übergabe setzt den Verlust des Besitzes beim Veräußerer und die Einräumung des unmittelbaren Besitzes beim Erwerber auf Veranlassung des Veräußerers voraus.[1] Da O die Küche persönlich an S lieferte, bestehen hier keine Probleme. **162**

IV. Verfügungsbefugnis

Als Eigentümer war O auch verfügungsbefugt. **163**

1 *Berger*, in: Stadler, § 929 Rn. 8.

V. Einigsein

164 § 929 S. 1 BGB setzt weiterhin voraus, dass sich Veräußerer und Erwerber im Zeitpunkt der Übergabe einig waren.[2] Das war hier der Fall.

VI. Zwischenergebnis

165 S erwarb somit Eigentum an der Mikrowelle bei Lieferung.

C. Erwerb durch V

166 S könnte dieses Eigentum jedoch verloren haben. Nach § 946 BGB könnte die Mikrowelle in das Eigentum des V übergegangen sein. Wird eine bewegliche Sache mit einem Grundstück dergestalt verbunden, dass sie wesentlicher Bestandteil des Grundstücks wird, so erstreckt sich nach § 946 BGB das Eigentum an dem Grundstück auf diese Sache; mit anderen Worten der Grundstückseigentümer erwirbt das Eigentum an der Sache.

I. Bewegliche Sache

167 Die Mikrowelle stellt eine Sache i.S.v. § 90 BGB dar und war vor ihrem Einbau beweglich.

II. Grundstück

168 Ein Grundstück ist ein räumlich abgegrenzter und vermessener Teil der Erdoberfläche.[3] Nach § 94 Abs. 1 BGB gehört zu den wesentlichen Bestandteilen eines Grundstücks die mit dem Grund und Boden fest verbundenen Sachen und insbesondere die Gebäude auf dem Grundstück. Die Wohnung als Teil des Gebäudes ist somit auch Teil des Grundstücks.

III. Verbindung

169 Eine Verbindungshandlung ist jedes Zusammenfügen einer beweglichen Sache mit einem Grundstück.[4] Als S, M und V die Küche in die Wohnung einbauten, verbanden sie auch das Grundstück mit der Mikrowelle.

IV. Die Mikrowelle als wesentlicher Bestandteil

170 Durch die Verbindung müsste die Mikrowelle ein wesentlicher Bestandteil der Küche geworden sein. Nach der Legaldefinition in § 93 BGB kennzeichnet einen wesentlichen Bestandteil, dass dieser nicht von der einheitlichen Sache getrennt werden kann, ohne dass der eine oder die andere zerstört oder in seinem bzw. ihrem Wesen verändert wird.

---

2 Vgl. *Berger*, in: Jauernig, § 929 Rn. 6.
3 *Füller*, in: MüKoBGB, § 946 Rn. 2.
4 *Füller*, in: MüKoBGB, § 946 Rn. 4.

1. Bestandteil

Bestandteile einer Sache sind diejenigen körperlichen Gegenstände, die entweder von Natur aus eine Einheit bilden oder die durch die Verbindung miteinander ihre Selbstständigkeit dergestalt verloren haben, dass sie fortan, solange die Verbindung dauert, als eine einzige Sache erscheinen.[5] **171**

2. Scheinbestandteil

Nach § 95 Abs. 2 BGB gehören Sachen, die nur zu einem vorübergehenden Zwecke in ein Gebäude eingefügt wurden, nicht zu den Bestandteilen des Gebäudes. Es kommt somit auf die Zweckbestimmung an (sog. Widmung).[6] **172**

Maßgeblich dafür ist der natürliche Wille des Verbindenden im Zeitpunkt der Verbindung.[7] Allerdings muss dieser Wille mit dem objektiv in Erscheinung getretenen Sachverhalt vereinbar sein. Nach einer anderen Auffassung ist der Wille allein nach objektiven Maßstäben zu ermitteln.[8]

Daraus, dass M und S die Küche nach dem Ende der Mietzeit verkaufen wollten, lässt sich schließen, dass sie die Küche nur vorübergehend in die Mietsache einbringen wollten. Der objektive Sachverhalt legt kein gegenteiliges Ergebnis nahe. Verbindet ein Mieter Küchengegenstände bzw. eine ganze Küche mit der Wohnung will er diese in der Regel nach dem Ende der Mietzeit wieder mitnehmen.[9] Dass das Mietverhältnis auf unbestimmte Zeit geschlossen wurde, schadet nicht. Ansonsten könnten nur Mieter, die befristet wohnen, eine Zweckbestimmung nach § 95 Abs. 2 BGB abgeben.

Sowohl aus subjektiver als auch objektiver Perspektive liegt somit ein Scheinbestandteil vor.

V. Ergebnis

Da somit schon kein Bestandteil der Wohnung gegeben ist, scheitert ein Eigentumserwerb des V nach § 946 BGB. S war weiterhin Eigentümer. **173**

D. Erwerb des K

Vielmehr könnte K die Mikrowelle nach § 929 S. 1 BGB erworben haben. **174**

I. Dingliche Einigung mit K

S und K einigten sich über die Übertragung der Mikrowelle. Die dingliche Einigung setzt zwei übereinstimmende Willenserklärungen voraus. Indem K die Mikrowelle mitnahm und bei sich aufbaute, erklärte er durch schlüssiges Tun seine Zustimmung zum Eigentumsübergang. **175**

---

5 BGH, NJW 2012, 778.
6 BGH, NJW 2006, 990.
7 BGH, NJW 1996, 916 (917).
8 *Stieper*, Die Scheinbestandteile, 2002, 34.
9 So die Vermutung der h.M.: *Stieper*, WM 2007, 861 (864).

II. Übergabe

176 Eine Übergabe setzt den Verlust des Besitzes beim Veräußerer und die Einräumung des unmittelbaren Besitzes beim Erwerber auf Veranlassung des Veräußerers voraus.[10] S übergab die Mikrowelle persönlich an K.

III. Verfügungsbefugnis

177 Als Eigentümer war S auch verfügungsbefugt.

IV. Einigsein

178 § 929 S. 1 BGB setzt weiterhin voraus, dass sich Veräußerer und Erwerber im Zeitpunkt der Übergabe einig waren.[11] Das war hier der Fall.

V. Zwischenergebnis

179 K erwarb somit Eigentum an der Mikrowelle von S.

E. Ergebnis

180 Folglich ist K Eigentümer der Mikrowelle.

Vertiefungshinweise

181 *Schack*, Allgemeiner Teil des BGB (16. Auflage), § 8

Medicus/Petersen, Rn. 1173 ff.

Schrader/Hermanns, JA 2014, 741

---

10 *Berger*, in: Jauernig, § 929 Rn. 8.

11 Vgl. *Berger*, in: Jauernig, § 929 Rn. 6.

Fall 4

Geschäftsfähigkeit und Vertiefung zu §812 Abs. 1 S. 1 Alt. 1 u. Alt. 2 BGB

M leidet an einer besonderen Form der Schizophrenie, die dazu führt, dass er in bestimmten Zuständen nicht mehr in der Lage ist Entscheidungen, die er trifft, vollkommen zu überblicken. In diesem Zustand wird er oftmals von spontanen Impulsen eingeholt und trifft irrationale wirtschaftliche Entscheidungen. Eines Tages verkauft M in diesem Zustand sehr wertvollen Schmuck (Wert: 6.000 Euro) aus dem Erbe seiner Mutter an den Händler H für 4.000 Euro. Dieser veräußert den Schmuck umgehend für 6.500 Euro an den gutgläubigen Dritten D weiter. 182

Kann M Herausgabe des Schmucks von H oder jedenfalls die 6.500 Euro verlangen?

Vorüberlegungen

183 Neben der Rechtsfähigkeit verlangt das Bürgerliche Gesetzbuch bei der Vornahme von Rechtsgeschäften die sog. Geschäftsfähigkeit; m.a.W. die Fähigkeit zur Vornahme von Rechtsgeschäften. Eine Person kann demnach rechtsfähig, aber nicht geschäftsfähig sein. § 105 BGB ordnet in diesem Fall die Nichtigkeit des Rechtsgeschäfts an.

Die Wirksamkeit einer Willenserklärung setzt die Geschäftsfähigkeit des Erklärenden voraus. Dem Wortlaut des Gesetzes ist zu entnehmen, dass der Gesetzgeber davon ausgeht, dass in der Regel jeder Mensch uneingeschränkt geschäftsfähig ist. Müsste die individuelle Fähigkeit zur vernünftigen Willensbildung für jedes Rechtsgeschäft gesondert geprüft werden, wäre dies mit dem Interesse an einem sicheren und unkomplizierten Rechtsverkehr nicht vereinbar. Deswegen benennt das Gesetz in § 104 BGB zwei Personengruppen, denen ein erforderliches Urteilsvermögen typischerweise fehlt. Einerseits Personen, die sich unterhalb einer festgelegten Altersgrenze befinden, und andererseits Personen, deren freie Willensbetätigung auf Grund krankhafter Störung der Geistestätigkeit ausgeschlossen ist.

Ein nichtiger Vertrag muss nach den bereicherungsrechtlichen Vorschriften der §§ 812 ff. BGB rückabgewickelt werden. Die Vorschriften sind insoweit logische Konsequenz des Trennungs- und Abstraktionsprinzips, wonach das Verfügungsgeschäft unabhängig vom Verpflichtungsgeschäft ist und damit auch im Fall eines nichtigen Vertrags wirksam bleibt.

Das Eigentum an einer Sache kann nicht nur vom Eigentümer, sondern unter den Voraussetzungen des § 932 BGB auch vom Nichtberechtigten erworben werden. Dies setzt jedoch voraus, dass der Erwerber gutgläubig im Hinblick auf die Eigentümerstellung ist, also davon ausgeht, dass der Veräußerer Eigentümer ist.

Gliederung

I. Anspruch aus § 985 BGB 184
- 1. Eigentum
  - a) Ursprünglicher Eigentümer
  - b) Eigentumsverlust gem. § 929 S. 1 BGB
    - aa) Dingliche Einigung
    - bb) Unwirksamkeit nach §§ 105 Abs. 1, 104 Nr. 2 BGB
  - c) Gutgläubiger Erwerb
  - d) Zwischenergebnis
- 2. Besitz
- 3. Ergebnis

II. Anspruch aus § 812 Abs. 1 S. 1 Alt. 1 BGB
- 1. Erlangtes Etwas
- 2. Durch Leistung
- 3. Ohne Rechtsgrund
- 4. Rechtsfolgen
  - a) Herausgabe des Geleisteten
  - b) Surrogat

III. Ergebnis

Musterlösung

I. Anspruch aus § 985 BGB

185 M könnte gegen H einen Anspruch auf Herausgabe des Schmucks nach § 985 BGB haben.

1. Eigentum

186 Dazu müsste M noch Eigentümer des Schmucks sein.

a) Ursprünglicher Eigentümer

187 Ursprünglich hat M das Eigentum an dem Schmuck nach § 1922 BGB von seiner Mutter geerbt.

b) Eigentumsverlust gem. § 929 S. 1 BGB

188 Er könnte das Eigentum jedoch an H nach § 929 S. 1 BGB verloren haben.

aa) Dingliche Einigung

189 Dazu müssten sich M und H wirksam über den Eigentumsübergang geeinigt haben. Die sog. dingliche Einigung stellt einen Vertrag dar.[1]

bb) Unwirksamkeit nach §§ 105 Abs. 1, 104 Nr. 2 BGB

190 Die Willenserklärung des M könnte gemäß § 105 Abs. 1 BGB unwirksam sein, wenn A geschäftsunfähig war. Nach § 104 Nr. 2 BGB ist derjenige geschäftsunfähig, wer sich in einem die freie Willensbestimmung ausschließenden Zustand krankhafter Störung der Geistestätigkeit befindet, sofern nicht der Zustand seiner Natur nach ein vorübergehender ist. Der letzte Halbsatz macht deutlich, dass nur Dauerzustände von § 104 Nr. 2 BGB erfasst sind.

Ein Ausschluss der freien Willensbestimmung gemäß § 104 Nr. 2 BGB liegt vor, wenn jemand nicht imstande ist, seinen Willen frei und unbeeinflusst von der vorliegenden Geistesstörung zu bilden und nach zutreffend gewonnenen Einsichten zu handeln.[2] Abzustellen ist dabei darauf, ob eine freie Entscheidung nach Abwägung des Für und Wider bei sachlicher Prüfung der in Betracht kommenden Gesichtspunkte möglich ist oder ob umgekehrt von einer freien Willensbildung nicht mehr gesprochen werden kann. Die beiden entscheidenden Kriterien sind dabei nicht nur die Einsichtsfähigkeit des Betroffenen, sondern auch dessen Fähigkeit, nach dieser Einsicht zu handeln.[3] Fehlt es an einem dieser beiden Elemente, so der BGH, liegt kein freier, sondern nur ein natürlicher Wille vor.[4]

---

1 BGH, NJW 1958, 1133 (1134).
2 BGH, BeckRS 2017, 109294.
3 BGH, BeckRS 2017, 109294; *Schack*, Rn. 190.
4 BGH, BeckRS 2017, 109294.

M leidet an einer besonderen Form der Schizophrenie und somit an einem krankhaften Zustand. Dieser Zustand führte dazu, dass er in bestimmten Zuständen nicht mehr in der Lage ist Entscheidungen, die er trifft, vollkommen zu überblicken. Insofern fehlte ihm die Einsichtsfähigkeit. Er war mithin gem. § 104 Nr. 2 BGB geschäftsunfähig. Seine Willenserklärung war deswegen unwirksam.

Folglich hat M sein Eigentum nicht an H verloren.

c) Gutgläubiger Erwerb

Auch der gutgläubige Erwerb ist ein Vorgriff ins Sachenrecht. Jedoch ist dieses Rechtsinstrument dazu geeignet, die wichtige Rolle des Allgemeinen Teils des BGB zu unterstreichen. Denn jede Einigung, die hier geschlossen wird, unterliegt den Regeln der Rechtsgeschäftslehre des Allgemeinen Teils. **191**

Mittels des gutgläubigen Erwerbs kann ein Dritter die Sache des Eigentümers von einem Nichtberechtigten erwerben, soweit an die Eigentümerstellung des Nichtberechtigten glaubt, also gutgläubig ist. Der gutgläubige Erwerb einer Sache ist jedoch ausgeschlossen, wenn die Sache zuvor abhandengekommen ist, der Eigentümer also unfreiwillig den unmittelbaren Besitz verloren hat. Auch bei der Frage nach dem entsprechenden Besitzwillen gelten die Vorschriften des Allgemeinen Teils.

Er könnte es jedoch an D im Wege des gutgläubigen Erwerbs von H verloren haben. **192** § 929 BGB scheitert an der Verfügungsbefugnis des H, jedoch lässt § 932 BGB den Eigentumserwerb zu, soweit der Erwerber gutgläubig war und die Sache nicht abhandengekommen ist.

Während die Gutgläubigkeit feststeht, stellt sich die Frage, ob die Sache dem M nicht gem. § 935 Abs. 1 BGB abhandengekommen ist. Abhandenkommen beschreibt den Verlust des unmittelbaren Besitzes ohne den Willen des Eigentümers. Maßgeblich ist der tatsächliche Wille des Veräußerers, den unmittelbaren Besitz aufzugeben.[5]

Insoweit fragt sich, ob M als Geschäftsunfähiger zur Bildung eines tatsächlichen Willens in der Lage ist. Folgt man der Lösung des BGH zu §§ 104, 105 BGB, liegt es nahe, auch einem Geschäftsunfähigen einen tatsächlichen Willen zuzubilligen. Er ist nur nicht frei i.S.v. § 104 Nr. 1 BGB. Diese Lösung wird von der wohl überwiegenden Meinung in der Literatur jedenfalls in Ansehung von § 935 BGB kritisiert. Denn, wer in den Personenkreis des § 104 fällt, kann regelmäßig auch keinen tatsächlichen Besitzaufgabewillen fassen, an dem man ihn im Rahmen des § 935 Abs. 1 BGB festhalten könnte. Dieser Ansatz überzeugt aus dem Schutzzweck der Regelungen heraus. Aus § 104 Nr. 2 BGB ist die Wertung zu gewinnen, dass der Geschäftsunfähige vor Rechtsnachteilen geschützt werden soll. Würde man § 929 BGB für unwirksam erklären, aber zugleich den gutgläubigen Erwerb weitgehend zulassen, wäre der Schutz nach § 104 BGB entwertet. Daher ist ein Abhandenkommen bei Geschäftsunfähigen grundsätzlich anzunehmen.

5 BGH, NJW 2020, 3711 (3711).

d) Zwischenergebnis

193 M ist somit weiterhin Eigentümer des Schmucks.

2. Besitz

194 Jedoch ist H nicht mehr im Besitz des Schmucks.

3. Ergebnis

195 M hat keinen Anspruch aus § 985 BGB.

II. Anspruch aus § 812 Abs. 1 S. 1 Alt. 1 BGB

196 M könnte jedoch einen Anspruch aus § 812 Abs. 1 S. 1 Alt. 1 BGB haben.

1. Erlangtes Etwas

197 Der fehlende Besitzaufgabewille hindert nicht daran, dass H selbst Besitz an dem Schmuck begründet hat. Besitz setzt nur einen Besitzwillen beim Besitzenden voraus.[6] Eigentum hat er hingegen nicht erworben.

2. Durch Leistung

198 Weiterhin müsste der Besitz an H geleistet worden sein. Unter einer Leistung im Rechtssinne versteht man jede bewusste und zweckgerichtete Mehrung fremden Vermögens.[7]

199 Wichtiger Prüfungspunkt des Herausgabeanspruchs aus § 812 Abs. 1 S. 1 Alt. 1 BGB ist das Vorliegen einer Leistung. Ob eine solche vorliegt bestimmt sich aus der Sicht des objektiven Empfängerhorizonts. Für die Leistungsfähigkeit und die Zweckbestimmung (wichtiger Teil der Leistungsdefinition) gelten wieder die Vorschriften des Allgemeinen Teils, die §§ 104 ff. BGB.

200 Der Bundesgerichtshof hat die Zweckbestimmung als rechtsgeschäftsähnlich eingestuft. Auf rechtsgeschäftsähnliche Handlungen finden die Normen über Willenserklärungen grundsätzlich analog Anwendung, sodass eine Leistung nach § 105 BGB mangels wirksamer Zweckbestimmung abzulehnen wäre.[8]

Vorzugswürdig ist die Annahme einer Leistung im Lichte des § 104 Nr. 2 BGB. Das Leistungsbewusstsein kann nicht mit einem die freie Willensbestimmung ausschließenden Zustand gleichgesetzt werden. Dies wäre auch mit dem in § 105a BGB zum Ausdruck kommenden Verständnis des BGB nicht vereinbar, dass auch Geschäftsunfähige am Rechtsgeschäftsverkehr teilnehmen.

Anders als bei § 935 BGB geht es hier nicht darum, den Geschäftsunfähigen vor Rechtsnachteilen zu bewahren. Vielmehr geht es darum, ihm einen Anspruch zuzugestehen. Die Gefahr eines Anspruchsausschlusses nach § 814 BGB ist zu vernachlässigen, da es nach § 166 BGB auf die Kenntnis des gesetzlichen Vertreters ankommt.

---

6 BGH, NJW-RR 2016, 982 (982).
7 BGH, NJW 2004, 1169 (1169).
8 Vgl. auch BGH; NJW 1990, 3189 (3195).

Teilweise wird zudem vertreten, auf eine bewusste Mehrung zu verzichten und allein eine zurechenbare Mehrung fremden Vermögens ausreichen zu lassen.[9] Diese Lösung kommt zum gleichen Ergebnis. Insoweit ist keine Entscheidung zwischen den beiden Ansichten erforderlich. Eine Leistung liegt folglich vor.

3. Ohne Rechtsgrund

Nach §§ 104 Nr. 2, 105 Abs. 1 BGB ist der Kaufvertrag i.S.v. § 433 BGB unwirksam. Es fehlt somit an einem Rechtsgrund für die Leistung. **201**

4. Rechtsfolgen[10]

Im Rahmen des Anspruchs aus § 812 Abs. 1 Satz 1 Alt. 1 BGB ist der Anspruchsinhalt regelmäßig problematisch. Maßgebliche Norm ist § 818 BGB. Ausgangspunkt ist die Herausgabepflicht des Erlangten in natura. Da dies häufig nicht möglich ist, sieht das Gesetz Alternativen vor. Die Norm ist von hoher Bedeutung, sodass es sich empfiehlt, sich bereits zu Beginn des Studiums mit ihr vertraut zu machen. **202**

a) Herausgabe des Geleisteten

Nach §§ 812 Abs. 1 S. 1 Alt. 1, 818 Abs. 1 BGB ist das Geleistete in natura herauszugeben. Durch die Weitergabe an D ist dies nicht mehr möglich. **203**

b) Surrogat

Es stellt sich die Frage, ob der Bereichernde auch die Vorteile aus der Weiterveräußerung (sog. commodum ex negotiatione) abschöpfen kann.[11] **204**

Nach einer in der älteren Literatur vertretenen Ansicht soll § 818 Abs. 1 BGB zur Anwendung gelangen.[12] Nach § 818 Abs. 1 BGB sei dasjenige herauszugeben, was der Bereicherte als Ersatz für die Entziehung erlangt. Das schließt nach dieser Lösung den Betrag ein, den der Veräußerer erlangt, wenn er die Sache weggibt.

Die heute herrschende Gegenansicht lässt nur Wertersatz nach § 818 Abs. 2 BGB zu.[13] Die Weiterveräußerung macht die Herausgabe unmöglich. Folglich sei § 818 Abs. 2 BGB anzuwenden.

Da der Verkaufserlös den Wert der Sache übersteigt und somit die Ansichten zu unterschiedlichen Ergebnissen gelangen, muss der Streit entschieden werden. Der Wortlaut von § 818 Abs. 1 BGB wird durch die erste Lösung stark strapaziert. Die Regelung bezieht sich in erster Linie auf Versicherungsleistungen und vergleichbare Ausgleichszahlungen.

---

9 *Wendehorst*, in: Hau/Poseck, § 812 Rn. 38.
10 BGH, NJW 2004, 1169 (1169).
11 Übersichtliche Streitdarstellung bei *Schwab*, in: MüKoBGB, § 818 Rn. 47 f.
12 *Lieb*, in: MüKoBGB (4. Aufl.), § 818 Rn. 31.
13 BGH, NJW 2006, 2323 (2326).

Für einen Wertersatz nach § 818 Abs. 2 BGB spricht zudem, dass ein weitergehender Gewinn in aller Regel nicht in der Sache ruht, sondern auf die Geschäftstüchtigkeit des Bereicherten zurückgeht. Diese soll § 812 BGB aber gerade nicht abschöpfen dürfen. Es gibt keine Gewinnhaftung. Möglich kann nur sein, dass die Weiterveräußerung zu einem höheren Preis auch einem gestiegenen Marktwert entspricht.[14] Demnach sprechen die besseren Gründe dafür, keinen Herausgabeanspruch auf die geleistete Zahlung zuzulassen. Vielmehr ist Wertersatz zu leisten.

III. Ergebnis

205 M kann nicht Herausgabe der 6.500 Euro verlangen.

Vertiefungshinweise

206 Zu § 932 BGB:

Lorenz, Der gutgläubige Erwerb, JuS 2017, 822

Zur Geschäftsfähigkeit:

Medicus/Petersen, Rn. 535 ff.

Lorenz, Grundwissen – Zivilrecht: Rechts- und Geschäftsfähigkeit, JuS 2010, 11

Zu §§ 812, 818 BGB:

Lorenz, Grundwissen – Zivilrecht: Inhalt und Umfang des Bereicherungsanspruchs, JuS 2018, 937

14 *Schwab*, in: MüKoBGB, § 818 Rn. 48.

Fall 5

(Beschränkte) Geschäftsfähigkeit

O ist 40 Jahre alt und leidet unerkannt an einer dauerhaften psychischen Störung, die sich auch auf seine Einsichtsfähigkeit auswirkt. Am 10.1.2021 bietet er dem erst 17-jährigen K, der seit seiner Kindheit ein begeisterter Motorradfan ist, sein Motorrad zum Preis von 1.000 Euro an. Dabei erkennt K, dass es sich bei dem Kaufpreis um ein Schnäppchen handelt, da er den tatsächlichen Wert des Motorrads – zutreffend – deutlich höher einschätzt (ca. 2.000 Euro). K, der durch sein sparsames Verhalten im Hinblick auf sein erhaltenes Taschengeld der letzten Jahre über 900 Euro verfügt, einigt sich mit O darauf, dass K spätestens am 20.1.2021 die letzten 100 Euro bezahlt. K erhält daraufhin das Motorrad sowie alle notwendigen Papiere und übergibt im Gegenzug die 900 Euro in bar. **207**

Die Eltern von K sind mit dem Kauf des Motorrads überhaupt nicht einverstanden und äußern dies gegenüber K, indem sie ihn dazu auffordern, das Motorrad zurückzugeben. Nachdem O zufällig Kenntnis über die Minderjährigkeit von K erlangt hat, fordert er seine Eltern schriftlich auf „in den Kauf einzuwilligen". Noch bevor die Eltern dies beantworten, meldet sich K, der am 14.1.2021 seinen 18. Geburtstag gefeiert hat, bei O und teilt ihm mit, dass er weiterhin am Kauf festhalte und die letzte Rate pünktlich am 20.1.2021 bezahle. Während des gesamten Zeitraums befindet sich O in einem lichten Moment und kann die Situation vollständig überblicken.

Frage: Kann O die Zahlung der restlichen 100 Euro von K verlangen?

Vorüberlegungen

208 Es handelt sich um einen klassischen Fall mit Problemen des Minderjährigenrechts im BGB. In solchen Klausuren empfiehlt es sich, eine besonders kleinteilige Prüfung vorzunehmen, weil sich die Minderjährigkeit an unterschiedlichen Stellen der Prüfung bemerkbar macht.

Dies verdeutlicht die Funktion des Gutachtenstils: Es geht nicht darum, schnellstmöglich fertig zu werden. Vielmehr sollen alle für die Lösung eines Falles erheblichen Rechtsfragen bearbeitet werden, deshalb ist es besonders gefährlich, in solchen Klausuren unmittelbar auf die entscheidende Norm zu springen. Punkte gibt es nicht für die korrekte Lösung, sondern für den dahin führenden Lösungsweg.

Gliederung

209 **Anspruch aus § 433 Abs. 2 BGB**

- **I. Anspruch entstanden**
  - 1. Angebot von O
    - a) Wirksamkeit der Willenserklärung
    - b) Bestimmtheit
    - c) Zugang der Willensklärung
  - 2. Annahme des K
    - a) Unwirksamkeit der Willenserklärung von K
      - aa) Minderjährigkeit des K
      - bb) Wirksamkeit der Willenserklärung gem. § 107 Abs. 1 BGB
      - cc) Wirksamkeit der Willenserklärung gem. § 110 BGB
        - (1) Dogmatische Einordnung
        - (2) Taschengeld
        - (3) Bewirken
        - (4) Zwischenergebnis zu § 110 BGB
      - dd) Wirksamkeit der Willenserklärung gem. § 108 Abs. 1 BGB
      - ee) Wirksamkeit der Willenserklärung gem. § 108 Abs. 3 BGB
      - ff) Zwischenergebnis
    - b) Zwischenergebnis
  - 3. Zwischenergebnis
- **II. Ergebnis**

Musterlösung

Anspruch aus § 433 Abs. 2 BGB

O könnte einen Anspruch auf die Zahlung der letzten Kaufpreisrate in Höhe von 100 Euro gegen K aus § 433 Abs. 2 BGB haben. **210**

I. Anspruch entstanden

Dies setzt zunächst einen wirksamen Kaufvertrag i. S. d. § 433 BGB zwischen O und K voraus. Für den Abschluss eines solchen Vertrages bedarf es zweier übereinstimmender Willenserklärungen (Angebot und Annahme), vgl. §§ 145 ff. BGB.[1] **211**

1. Angebot von O

Ein Angebot ist eine empfangsbedürftige Willenserklärung, die alle vertragswesentlichen Bestandteile enthält und durch die der Vertragsschluss einem anderen so angetragen wird, dass das Zustandekommen des Vertrages nur noch von dem Einverständnis des Empfängers abhängt.[2] O hat K den Kauf seines Motorrads zum Preis von 1.000 Euro angeboten. Die essentialia negotii liegen insoweit vor. Folglich handelt es sich um ein Angebot. **212**

a) Wirksamkeit der Willenserklärung

Es fragt sich, ob die Willenserklärung von O wirksam ist. Die Willenserklärung könnte gemäß § 105 Abs. 1 BGB nichtig sein. In Betracht kommt insoweit eine Geschäftsunfähigkeit nach § 104 Nr. 2 BGB. Dabei ist jedoch maßgeblich, dass der krankhafte Zustand bei Vornahme des Rechtsgeschäfts andauert und sich auf den Abschluss des Geschäfts auswirkt.[3] O leidet an einer dauerhaften psychischen Störung, die sich auf seine Einsichtsfähigkeit auswirkt. Grundsätzlich könnte daher § 104 Nr. 2 BGB erfüllt sein. **213**

Allerdings befindet er sich im Zeitraum des Geschäfts mit K in einem lichten Moment, einem sogenannten *lucidum intervallum*. Seine psychische Störung hat sich nicht auf seine Willensbildung bei Vornahme des Geschäfts ausgewirkt. Vor dieser Konstellation sollen die §§ 104, 105 BGB den Geschäftsunfähigen nicht schützen. Vielmehr muss dann der Grundsatz der Vertragsfreiheit gelten.[4] Da der Wortlaut weiter reicht als der Zweck der Regelung, sind die §§ 104 Nr. 2, 105 BGB teleologisch zu reduzieren. O konnte das Rechtsgeschäft wirksam eingehen. Die Willenserklärung von O ist nicht gem. §§ 105 Abs. 1, 104 Nr. 2 BGB nichtig.

b) Bestimmtheit

Die Willenserklärung des O ist auf sein Motorrad zum Preis von 1.000 Euro bezogen und bestimmt daher die wesentlichen Vertragsbedingungen für einen Kaufvertrag. **214**

---

1 BGH, NJW 2017, 468 (469); *Schack*, Rn. 177.
2 *Schack*, Rn. 180.
3 OLG München, FGPrax 2010, 29 (30).
4 *Wendtland*, in: Hau/Poseck, § 104 Rn. 8.

c) Zugang der Willensklärung

215 Es fragt sich jedoch, ob K diese Willenserklärung überhaupt zugegangen ist. K konnte das Angebot akustisch wahrnehmen. Allerdings ist er wegen seines Alters gem. §§ 2, 106 BGB in der Geschäftsfähigkeit beschränkt. Indem die Eltern als gesetzliche Vertreter gem. §§ 1626, 1629 BGB vom Ganzen nichts mitbekamen hängt der Zugang der Willenserklärung davon ab, ob das Angebot für K gem. § 131 Abs. 2 S. 2 BGB lediglich rechtlich vorteilhaft ist.[5] Ein Angebot selbst hat für einen beschränkt geschäftsfähigen Minderjährigen jedoch keine nachteiligen rechtlichen Auswirkungen. Vielmehr erweitert sich der Rechtskreis und Verpflichtungen entstehen erst durch die korrespondierende Annahme. Das Angebot ist mithin lediglich rechtlich vorteilhaft und deshalb gem. § 131 Abs. 2 BGB zugegangen.

2. Annahme des K

216 K hat das Angebot angenommen.[6] O und K sind sich am 10.1.2021 darüber einig, dass O sein Motorrad für 1.000 Euro an K verkauft. Des Weiteren haben sich die beiden Parteien darauf geeinigt, dass K zunächst 900 Euro an O bezahlt und die restlichen 100 Euro am 21.1.2021 begleicht. Über den Inhalt des Rechtsgeschäfts sind sich O und K mithin einig.

a) Unwirksamkeit der Willenserklärung von K

217 Möglicherweise ist aber die Willenserklärung von K unwirksam, wenn dieser in seiner Geschäftsfähigkeit gem. §§ 2, 106 BGB beschränkt ist.[7] Nach § 107 BGB ist eine Willenserklärung unwirksam, durch die der Minderjährige nicht lediglich einen rechtlichen Vorteil erlangt oder er die Einwilligung seines gesetzlichen Vertreters hat.

aa) Minderjährigkeit des K

218 In der Geschäftsfähigkeit beschränkt ist, wer zwar bereits das siebte, noch nicht aber das 18. Lebensjahr vollendet hat (vgl. § 2 BGB). Im Zeitpunkt des Vertragsschlusses, am 10.1.2021 war K 17 Jahre alt und demnach nicht volljährig, sodass die Wirksamkeit seiner Willenserklärung von den Bestimmungen der §§ 107 bis 113 BGB abhängt.

bb) Wirksamkeit der Willenserklärung gem. § 107 Abs. 1 BGB

219 Die Erklärung des K könnte nach § 107 BGB wirksam sein, soweit sie für K lediglich rechtlich vorteilhaft ist. Eine Einwilligung des gesetzlichen Vertreters wäre dann entbehrlich. Lediglich rechtlich vorteilhaft ist jedes Geschäft, das für den Minderjährigen keine Verpflichtungen oder sonstige Rechtsverluste begründet. Maßgeblich ist dabei jeweils eine rechtliche Betrachtung, die wirtschaftliche Vorteilhaftigkeit des Geschäfts ist hingegen unbeachtlich.

---

5 *Schack*, Rn. 189.
6 Zur Annahme *Schack*, Rn. 182.
7 Vgl. *Schack*, Rn. 191 f.

Folglich kommt es für die lediglich rechtliche Vorteilhaftigkeit auf wirtschaftliche Gesichtspunkte nicht an. Deshalb ist der Schnäppchenpreis des Motorrads im Hinblick auf die Vorteilhaftigkeit i.S.d. § 107 Abs. 1 BGB unbeachtlich. Durch den Abschluss des Kaufvertrags verpflichtet sich K zur Kaufpreiszahlung gem. § 433 Abs. 2 BGB, sodass das Geschäft nicht lediglich rechtlich vorteilhaft ist. Demnach ist die Einwilligung des gesetzlichen Vertreters gem. § 107 Abs. 1 BGB erforderlich. Gesetzlicher Vertreter von K sind gem. §§ 1626, 1629 BGB die Eltern.

cc) Wirksamkeit der Willenserklärung gem. § 110 BGB

Die Willenserklärung von K könnte gem. § 110 BGB wirksam sein. Ein von dem Min- **220**
derjährigen ohne Zustimmung des gesetzlichen Vertreters geschlossener Vertrag gilt als von Anfang an wirksam, wenn der Minderjährige die vertragsmäßige Leistung mit Mitteln bewirkt hat, die ihm zu diesem Zweck oder zur freien Verfügung von dem gesetzlichen Vertreter oder mit dessen Zustimmung von einem Dritten überlassen worden sind.

(1) Dogmatische Einordnung

Umstritten ist, ob § 110 BGB nur einen Unterfall der vorweggenommen Einwilligung **221**
darstellt oder objektiv die Rechtsmacht des Minderjährigen durch die Überlassung des Geldes erweitert werden soll.[8] Ebenso ist unklar, ob sich § 110 BGB nur auf das schuldrechtliche oder auch auf das dingliche Rechtsgeschäft des Minderjährigen bezieht. Da hier nur der Kaufvertrag zu prüfen ist, kommen die Ansichten nicht zu unterschiedlichen Ergebnissen.

(2) Taschengeld

Weiterhin müssten Mittel vorliegen, die dem Minderjährigen für den Vertrag oder zur **222**
freien Verfügung gestellt wurden. K hat 900 Euro an O gezahlt, die er sich von seinem Taschengeld gespart hat. Es handelt sich folglich um Mittel i.S.d. § 110 BGB.

(3) Bewirken

Schließlich müsste er die Leistung auch bewirkt haben. „Bewirkt“ ist die Leistung **223**
jedoch erst dann, wenn der Minderjährige seine Leistungspflicht vollständig erfüllt hat. Wurde im Rahmen des Vertragsschlusses eine Ratenzahlung vereinbart, kann ein Fall des § 110 BGB somit nur dann vorliegen, wenn die letzte Rate bereits bezahlt worden ist.[9] K hat indessen nur 900 Euro angezahlt und mit O vereinbart, den restlichen Teil des Kaufpreises am 21.1.2021 zu leisten. Damit liegt kein vollständiges Bewirken i. S. d. § 110 BGB vor.

(4) Zwischenergebnis zu § 110 BGB

Die Willenserklärung des K ist nicht gem. § 110 wirksam ist. **224**

---

8 Die h.M. und insb. *Schack*, Rn. 193 sieht § 110 BGB als Fall einer konkludenten Einwilligung durch Mitteluberlassung.

9 *Schack*, Rn. 193; *Spickhoff*, in: MüKoBGB, § 110 Rn. 12 ff.

dd) Wirksamkeit der Willenserklärung gem. § 108 Abs. 1 BGB

225 Weiter kommt die Wirksamkeit der Willenserklärung gem. § 108 Abs. 1 BGB durch eine Genehmigung der Eltern in Betracht. Die Genehmigung kann nach Abschluss des Rechtsgeschäfts gegenüber dem Minderjährigen oder dem Vertragspartner erteilt werden (§§ 182 Abs. 1, 184 Abs. 1 BGB).[10] Etwas anderes gilt nur, wenn der Vertragspartner den Vertreter zur Erklärung über die Genehmigung aufgefordert hat.

Indem die Eltern von K diesen zur Rückgabe des Motorrads an O aufgefordert haben, haben sie jedenfalls konkludent zum Ausdruck gebracht, dass sie mit dem Geschäft nicht einverstanden sind und gleichzeitig die Genehmigung verweigert. Diese wirkt grundsätzlich auch gegenüber O. Dessen Erklärung, dass die Eltern des O in den Kauf einwilligen sollen, ist nach §§ 133, 157 BGB als Aufforderung zur Genehmigung nach § 108 Abs. 2 BGB auszulegen, sodass die K gegenüber bereits erklärte Verweigerung gem. § 108 Abs. 2 HS 2 BGB rückwirkend unwirksam wird.

ee) Wirksamkeit der Willenserklärung gem. § 108 Abs. 3 BGB

226 Die Willenserklärung des K könnte jedoch gem. § 108 Abs. 3 BGB dadurch wirksam geworden sein, dass seine eigene Genehmigung an die Stelle der Genehmigung seines gesetzlichen Vertreters getreten ist. Voraussetzung dafür ist, dass K zwischenzeitlich unbeschränkt geschäftsfähig geworden ist. K ist am 14.1.2021 volljährig geworden (§ 2 BGB) und ist folglich nicht mehr in der Geschäftsfähigkeit beschränkt. Mit der Erklärung gegenüber O, dass er weiterhin am Vertrag festhalten wolle, hat er – jedenfalls konkludent – seine Genehmigung zum Ausdruck gebracht.

Problematisch an dieser Lösung erscheint, dass die Norm auf die nach § 107 BGB bestehende schwebende Unwirksamkeit reagiert. Haben die Eltern zuvor jedoch die Genehmigung versagt, ist das Rechtsgeschäft unwirksam. Man könnte daher erwägen, § 108 Abs. 3 BGB in diesem Fall nicht anzuwenden. Dafür besteht jedoch im vorliegenden Fall kein Anlass. Sinn und Zweck des §108 Abs. 3 BGB ist es, dem Minderjährigen die Entscheidung über ein Rechtsgeschäft zu belassen, sobald er rechtlich über dieses entscheiden darf. Lediglich in Fällen, in denen der andere Teil des Rechtsgeschäfts ein berechtigtes Interesse an einer zeitnahen Entscheidung hat, insbesondere bei einer direkten Aufforderung gegenüber den Eltern, ist ein anderes Ergebnis angezeigt. Hier ist die fehlende Genehmigung zwischen Eltern und Kind intern geblieben. Es überzeugt daher, § 108 Abs. 3 BGB auch in diesem Fall anzuwenden.

Auch zum Zeitpunkt der Äußerung der Genehmigung befindet sich O in einem lichten Moment, sodass es auf § 131 Abs. 1 BGB nicht ankommt. Die Genehmigung ist O gegenüber wirksam.

ff) Zwischenergebnis

227 Die Willenserklärung von K ist gem. § 108 Abs. 3 BGB wirksam.

10 Vgl. *Schack*, Rn. 194.

b) Zwischenergebnis

Folglich hat K das Angebot wirksam angenommen. **228**

3. Zwischenergebnis

Ein wirksamer Kaufvertrag i.S.v. § 433 Abs. 1 BGB ist zwischen K und O entstanden. **229**
Folglich ist auch der Anspruch entstanden.

II. Ergebnis

O kann die Zahlung der restlichen 100 Euro aus § 433 Abs. 2 BGB verlangen. **230**

Vertiefungshinweise

Schack, § 9 **231**

Medicus/Petersen, Rn. 566 ff.

Fall 6

Willenserklärung und Gefälligkeiten

232 A und B sind alte Schulkameraden und arbeiten seit mehreren Jahren für den selben Arbeitgeber. Da sie Eigentümer benachbarter Grundstücke in der 20 Kilometer entfernten Gemeinde X sind, haben sie abgesprochen, sich jeweils mit den Fahrten abzuwechseln und gemeinsam zu fahren, um dadurch „Spritgeld" zu sparen und die Umwelt zu entlasten. Letztlich geht es ihnen aber auch darum, möglichst viel Zeit als Freunde miteinander zu verbringen.

Am 12.12.2020 sind die beiden in einen Verkehrsunfall verwickelt, der durch A, der an diesem Tag Fahrer ist, leicht fahrlässig verursacht wird. B verletzt sich dabei und muss ins Krankenhaus. Er ist der Ansicht, dass zwischen A und B ein Vertrag zustande gekommen ist.

Ist zwischen A und B ein wirksamer Vertrag zustande gekommen?

Abwandlung

A kommt jeden Tag in seine Stammkneipe und bestellt dort ein Bier. Diese Praxis wiederholte sich in den letzten vier Jahren, so dass der Wirt W immer schon, wenn er den A eintreten sah, diesem ein Bier zum Verzehr hinstellte, ohne das A etwas sagte. Am 14.1.2020 betrat A die Kneipe und setzte sich an seinen Stammtisch. Als W das Bier brachte, verweigerte A die Abnahme und orderte zum ersten Mal in den letzten Jahren einen Apfelsaft. Zur Begründung führte er an, dass er in Zukunft keinen Alkohol mehr trinken wolle.

Frage: Kann W die Abnahme und Bezahlung des Bieres verlangen?

Vorüberlegungen

Der Fall beinhaltet typische Fragen nach der Auslegung von Willenserklärungen sowie dem Zustandekommen von Verträgen. Ein wichtiger Bestandteil des Allgemeinen Teils ist die Auslegung von rechtserheblichen Handlungen der Protagonisten. In diesem Zusammenhang spielt der objektive Empfängerhorizont eine maßgebliche Rolle. **233**

Die Frage, ob ein Vertrag zustande gekommen ist oder nicht, hat für die Beteiligten gravierende Folgen im Hinblick auf die Haftung für Pflichtverletzungen. Deshalb empfiehlt es sich, den Willen der Parteien genau zu untersuchen.

Wenn die Parteien keinen Vertrag schließen, ist eine Haftung nicht ausgeschlossen. Nur weil nicht nach vertraglichen Maßstäben gehaftet wird, kommt dennoch eine Haftung nach Deliktsrecht in Betracht.

Gliederung

A. Ausgangsfall **234**
- **I. Vertragsschluss**
  - 1. Wirksame Willenserklärungen
    - a) Objektiver Tatbestand
    - b) Zwischenergebnis
  - 2. Zwischenergebnis
- **II. Ergebnis**

B. Abwandlung
- **I. Anspruch entstanden**
  - 1. Vertragsschluss
    - a) Angebot durch A
      - aa) Wirksame Willenserklärung
        - (1) Objektiver Tatbestand
        - (2) Zwischenergebnis
      - bb) Zwischenergebnis
    - b) Zwischenergebnis
  - 2. Angebot durch W
  - 3. Annahme durch A
  - 4. Zwischenergebnis
- **II. Ergebnis**

Musterlösung

A. Ausgangsfall

235 Zu prüfen ist, ob zwischen A und B ein wirksamer Vertrag zustande gekommen ist.

I. Vertragsschluss

236 Das Zustandekommen eines Vertrags setzt zwei übereinstimmende Willenserklärungen voraus, Antrag und Annahme (§§ 145 ff. BGB).[1]

1. Wirksame Willenserklärungen

237 Fraglich ist insoweit, ob überhaupt Willenserklärungen vorliegen. A und B müssten daher jeweils private Willensäußerungen getätigt haben, die auf die Erzielung einer Rechtsfolge gerichtet sind.

a) Objektiver Tatbestand

238 Zunächst muss ein Erklärungstatbestand vorliegen, der bei objektiver Betrachtung Ausdruck des Rechtsbindungswillens ist.[2]

Insoweit bedarf es einer Abgrenzung zum Gefälligkeitsverhältnis, das keine rechtlichen Konsequenzen nach sich zieht.[3] Dass B im Nachhinein behauptet, dass ein Vertrag geschlossen worden sei, reicht für sich noch nicht aus. Ob ein Rechtsbindungswille vorhanden ist, ist nicht nach dem nicht in Erscheinung getretenen inneren Willen des Leistenden zu beurteilen, sondern danach, ob der Leistungsempfänger unter den gegebenen Umständen nach Treu und Glauben mit Rücksicht auf die Verkehrssitte auf einen solchen Willen schließen musste. Die Erklärungen von A und B sind folglich anhand des objektiven Empfängerhorizonts nach §§ 133, 157, 242 BGB auszulegen. Dabei ist darauf abzustellen, wie sich dem objektiven Beobachter das Handeln des Leistenden darstellt.[4]

Die Abgrenzung erfolgt unter Berücksichtigung insbesondere der Art der Tätigkeit, ihrem Grund und Zweck, ihrer wirtschaftlichen und rechtlichen Bedeutung für den Geschäftsherrn, der Umstände, unter denen sie erbracht wird, und der dabei entstehenden Interessenlage der Parteien. Eine vertragliche Bindung wird insbesondere dann zu bejahen sein, wenn erkennbar ist, dass für den Leistungsempfänger wesentliche Interessen wirtschaftlicher Art auf dem Spiel stehen und er sich auf die Zusage verlässt oder wenn der Leistende an der Angelegenheit ein rechtliches oder wirtschaftliches Interesse hat.[5] Indizien dafür, dass es sich um eine Gefälligkeitshandlung handelt, sind unverhältnismäßige Haftungsrisiken für die Vertragsparteien. Ebenso Gefälligkeiten des täglichen Lebens oder Zusagen im gesellschaftlichen Bereich fehlt der Rechtsbindungswille.[6] Als zusätzliches Auslegungskriterium kann auch die Enge der persönlichen Beziehung der

1 BGH, NJW 2017, 468 (469); *Schack*, Rn. 177.
2 BGH, VersR 2021, 798 (800).
3 *Schack*, Rn. 196.
4 BGH, NJW 1992, 498 (498); *Schack*, Rn. 196.
5 BGH, NJW 1992, 498 (498); *Schack*, Rn. 196.
6 BGH, NJW 1992, 498 (498).

Parteien sein: Je näher sich die Parteien stehen, desto eher ist anzunehmen, dass die Verabredung ihren Geltungsgrund hierin findet und eine rechtliche Bindung ausgeschlossen ist.[7]

A und B sind Arbeitskollegen, die eine Fahrgemeinschaft zum gemeinsamen Arbeits- **239**
platz vereinbart haben. Zwar geht es ihnen auch darum Geld zu sparen. Dennoch ist die wirtschaftliche Bedeutung der Fahrgemeinschaft von geringerer Bedeutung. Vielmehr liegt den beiden auch etwas daran, Zeit zusammen zu verbringen. Letzteres, die enge persönliche Beziehung zwischen A und B als alte Schulkameraden und Freunde spricht ebenso gegen den Willen, sich rechtlich zu binden. Die Auslegung der Erklärungen von A und B anhand des objektiven Empfängerhorizonts nach §§ 133, 157, 242 BGB kommt daher zu dem Ergebnis, dass beide Parteien nicht davon ausgegangen sind, rechtlich verbindlich zu handeln. Vielmehr handelt es sich um eine Art Freundschaftsdienst im Sinne einer Gefälligkeit. Dafür spricht auch, dass die beiden sich gegenseitig mit dem Fahren abwechseln.

b) Zwischenergebnis

Letztlich handelten beide Parteien ohne Rechtsbindungswillen. **240**

2. Zwischenergebnis

Es wurden keine Willenserklärungen abgegeben. **241**

II. Ergebnis

Ein wirksamer Vertrag ist nicht zustande gekommen. **242**

B. Abwandlung

W könnte einen Anspruch auf Abnahme des Bieres nach § 433 Abs. 2 BGB haben. Der **243**
Bewirtungsvertrag ist zwar ein sog. typengemischter Vertrag, die Abnahme eines Bieres erfolgt jedoch über Kaufrecht.

I. Anspruch entstanden

Zunächst müsste der Anspruch entstanden sein. **244**

1. Vertragsschluss

Das Zustandekommen eines Vertrags setzt zwei übereinstimmende Willenserklärungen **245**
voraus, Antrag und Annahme (§§ 145 ff. BGB).[8]

a) Angebot durch A

Fraglich ist insoweit, ob A ein Angebot abgegeben hat. Ein Angebot ist eine empfangs- **246**
bedürftige Willenserklärung, die alle vertragswesentlichen Bestandteile enthält und

7 *Bachmann*, in: MüKoBGB, § 241 Rn. 171.
8 BGH, NJW 2017, 468 (469); *Schack*, Rn. 177.

durch die der Vertragsschluss einem anderen so angetragen wird, dass das Zustandekommen des Vertrages nur noch von dem Einverständnis des Empfängers abhängt.[9]

aa) Wirksame Willenserklärung

247 Eine Willenserklärung ist eine private Willensäußerung, die auf die Erzielung einer Rechtsfolge gerichtet ist.[10]

(1) Objektiver Tatbestand

248 Zunächst muss ein Erklärungstatbestand vorliegen, der bei objektiver Betrachtung Ausdruck des Rechtsbindungswillens ist.[11] Durch das Betreten des Lokals könnte A rechtsverbindlich gehandelt haben.

Ob ein Rechtsbindungswille vorhanden ist, ist nicht nach dem nicht in Erscheinung getretenen inneren Willen des Leistenden zu beurteilen, sondern danach, ob der Leistungsempfänger unter den gegebenen Umständen nach Treu und Glauben mit Rücksicht auf die Verkehrssitte auf einen solchen Willen schließen musste. Der Rechtsbindungswille tritt nicht nur in ausdrücklichen Erklärungen zutage, sondern kann auch aus schlüssigem Tun gefolgert werden.[12]

Insofern müsste dem Betreten des Lokals der Erklärungswert zuzuordnen sein, auch zugleich ein Getränk zu bestellen. Das allein kann in keinen Fall ausreichen. Vielmehr muss der Vertragsschluss grundsätzlich der Bestellung beim Wirt vorbehalten bleiben.

249 Etwas anderes könnte sich hier nur aus der Übung der beiden Parteien ergeben. Allerdings muss selbst ein langjähriger Gast nach Treu und Glauben die Möglichkeit haben, einmal ein anderes Getränk bestellen zu können, ohne zuerst das Getränk der bisherigen Tradition zahlen zu müssen. Umgekehrt ist zwar ein Vertrauen beim Wirt auf eine bestimmte Übung entstanden, dieses Vertrauen darf jedoch nicht dazu führen, dass ein Gast an ein bestimmtes Getränk gebunden ist. Typischerweise hält ein Lokal eine ganze Reihe von Speisen und Getränken parat, aus denen jeder Gast wählen darf. Mit Blick auf die Verkehrssitte, ist daher kein Rechtsbindungswille anzunehmen.

(2) Zwischenergebnis

250 Der Erklärung von A fehlt es an Rechtsbindungswillen.

bb) Zwischenergebnis

251 Das Betreten des Lokals stellt keine Willenserklärung dar.

b) Zwischenergebnis

252 A hat somit kein Angebot abgegeben.

---

9 *Schack*, Rn. 180; *Flume*, BGB AT II § 35 I 1 (635).
10 BGH, NJW 2001, 289 (290).
11 BGH, VersR 2021, 798 (800).
12 *Schack*, Rn. 209 f.

2. Angebot durch W

Durch das Servieren des Getränks könnte W aber ein Angebot gemacht haben. Aus objektiver Perspektive stellt das Servieren eines Getränks ohne vorherige Vertragsverhandlungen ein Angebot über den Abschluss eines Vertrags dar. **253**

3. Annahme durch A

Jedoch verweigerte A die Annahme. In der Bestellung des Apfelsaftes ist vielmehr ein eigenes neues Angebot zu erkennen (vgl. § 150 Abs. 2 BGB). **254**

4. Zwischenergebnis

A und W haben keinen Vertrag geschlossen. Demnach ist kein Anspruch entstanden. **255**

II. Ergebnis

W hat keinen Anspruch aus § 433 Abs. 2 BGB. **256**

Vertiefungshinweise

Schack, § 10 **257**

Medicus/Petersen, Rn. 185 ff.

Daßbach, Gefälligkeitsverhältnisse in der Fallbearbeitung, JA 2018, 575

Fall 7

Abgabe und Zugang

258 A beabsichtigte von B einen Laptop für 500 Euro zu erwerben. Dieser hatte in seinem Angebot dem A hierfür eine Frist von zwei Wochen eingeräumt, die am 24.1.2020 abläuft. A hatte schon die Annahmeerklärung schriftlich verfasst und unterschrieben. Jedoch zögerte er mit dem Absenden der Annahmeerklärung. Daher ließ er den Brief noch auf seinem Schreibtisch liegen. Seine Ehefrau nahm am Folgetag den Brief und brachte ihn zur Post. Der Brief wurde am 24.1.2020 um 8:00 Uhr in den Briefkasten des B geworfen. Er selbst leerte den Briefkasten an diesem Tag jedoch nicht, sondern nahm den Brief erst am 25.1.2020 zur Kenntnis.

A selbst möchte den Laptop nicht mehr erwerben. B hingegen möchte, dass er ihm den Laptop abnimmt.

Kann B von A Abnahme des Laptops verlangen? Es sind alle Punkte im Fall zu würdigen, notfalls in einem Hilfsgutachten.

Vorüberlegungen

Willenserklärungen müssen in den Rechtsverkehr gelangen. Das BGB regelt diese Frage über die Begriffe Abgabe und Zugang. Während nicht empfangsbedürftige Willenserklärung bereits mit ihrer Abgabe wirksam werden, setzen empfangsbedürftige Willenserklärungen einen Zugang i.S.v. § 130 BGB voraus. Wichtig ist dabei die Unterscheidung von verkörperten und nicht verkörperten Willenserklärungen sowie die Unterscheidung zwischen Erklärungen unter Anwesenden und Abwesenden. **259**

Beim Zugang handelt es sich um Fragestellungen, die im Gutachten nur dann explizit bearbeitet werden müssen, wenn der Sachverhalt dahingehend Hinweise enthält. Typischerweise sollten Daten und Fristen insoweit die Aufmerksamkeit erwecken. Wenn der Sachverhalt verschiedene Daten enthält, ist es hilfreich, sich diese anhand eines Zeitstrahls zu verdeutlichen. Ansonsten besteht die Gefahr, dass man die Übersicht verliert und vermeidbare Flüchtigkeitsfehler einbaut.

Die Formulierung, dass zur Not hilfsgutachtlich geprüft werden soll, ist kein Hinweis dazu, dass ein Hilfsgutachten unbedingt benötigt wird. Vielmehr unterstreicht der Hinweis, dass man sich an verschiedenen Punkten der Klausur unterschiedlich entscheiden kann und möglicherweise die Prüfung beendet. Entscheidet man sich in so einer Situation vertretbar für die Ansicht, die die Prüfung beendet, sollte hilfsgutachtlich auf die anderen im Sachverhalt angelegten Probleme eingegangen werden, da ansonsten Punkte verschenkt werden.

Gliederung

Anspruch aus § 433 Abs. 2 BGB **260**

- **I. Anspruch entstanden**
  - 1. Angebot durch A
  - 2. Annahme des B
    - a) Vorliegen einer Willenserklärung
      - aa) objektiver Tatbestand
      - bb) subjektiver Tatbestand
      - cc) Bestimmtheit
      - dd) Abgabe und Zugang
        - (1) Abgabe
        - (2) Zwischenergebnis
        - (3) Zugang (Hilfsgutachten)
    - b) Zwischenergebnis
  - 3. Zwischenergebnis
- **II. Ergebnis**

Musterlösung

Anspruch aus § 433 Abs. 2 BGB

261 B könnte einen Anspruch auf Abnahme des Laptops nach § 433 Abs. 2 BGB haben.

I. Anspruch entstanden

262 Dazu müssten A und B einen Kaufvertrag geschlossen haben. Ein Vertrag setzt zwei übereinstimmende Willenserklärungen voraus, die in Beziehung aufeinander abgegeben wurden, Angebot und Annahme i.S.v. §§ 145 ff. BGB.[1]

1. Angebot durch A

263 Laut Sachverhalt hat A dem B ein Angebot für einen Laptop i.H.v. 500 Euro, verbunden mit einer Annahmefrist von 14 Tagen, gemacht.

2. Annahme des B

264 Dieses Angebot müsste B angenommen haben. Eine Annahme ist eine empfangsbedürftige Willenserklärung, in der ein vorbehaltloses Einverständnis mit dem Angebot zum Ausdruck kommt.[2]

a) Vorliegen einer Willenserklärung

265 Eine Willenserklärung ist eine private Willensäußerung, die auf die Erzeugung einer Rechtsfolge gerichtet ist.[3] Sie setzt sich aus einem objektiven und einem subjektiven Tatbestand zusammen.

aa) Objektiver Tatbestand

266 Der objektive Tatbestand setzt einen Erklärungstatbestand voraus, der bei objektiver Betrachtung als Ausdruck eines Rechtsbindungswillens verstanden werden kann.[4] Der Brief enthielt die Zustimmung des B und verkörperte somit objektiv wahrnehmbar seinen Willen sich rechtlich zu binden.

bb) Subjektiver Tatbestand

267 Weiterhin müsste B bei der Erstellung des Erklärungstatbestands mit Handlungswille, Erklärungsbewusstsein und Geschäftswille gehandelt haben.[5] B schrieb den Brief bewusst. Ihm muss auch klar gewesen sein, dass er hiermit eine Zustimmung erklärt. Diese Zustimmung erklärt er gerade auf ein konkret umrissenes Geschäft, nämlich den Kauf eines Laptops zu 500 €. Mithin liegt der subjektive Tatbestand der Willenserklärung vor.

---

1 BGH, NJW 2017, 468 (469); *Schack*, Rn. 177.
2 *Schack*, Rn. 182.
3 BGH, NJW 2001, 289 (290).
4 BGH, VersR 2021, 798 (800).
5 *Schack*, Rn. 203 f.

cc) Bestimmtheit

Die essentialia negotiisetzen den Mindestinhalt der Willenserklärung hinsichtlich Kaufpreis, Kaufsache und Kaufparteien voraus. Angesichts des nach außen hin, in der Zustimmungserklärung verkörperten Willens den Laptop für 500 € zu kaufen, bestehen an der Bestimmtheit der Willenserklärung keine Zweifel. **268**

dd) Abgabe und Zugang

Weiterhin setzt § 130 BGB bei empfangsbedürftigen Willenserklärungen voraus, dass diese nicht nur abgegeben, sondern auch zugegangen sind.[6] **269**

(1) Abgabe

Unter einer Abgabe versteht man die Entäußerung der Willenserklärung in den Rechtsverkehr. Dabei kann es dahingestellt sein, ob die Abgabe ein Realakt ist oder eine rechtsgeschäftsähnliche Handlung. In beiden Fällen muss sie willentlich geschehen (Handlungswille bzw. Abgabewille).[7] **270**

Im vorliegenden Fall fehlte ein solcher Abgabewille. Ein Teil der Literatur[8] will diese Konstellation wegen der Vergleichbarkeit zum fehlenden Erklärungsbewusstsein dergestalt lösen, dass eine Abgabe bejaht wird. Hintergrund dieser Lösung ist der Schutz des Erklärungsempfängers. Ist dem Urheber der Urkunde weiterhin ein Vorwurf zu machen, dass er das Inverkehrbringen hätte vermeiden können, erscheint er gegenüber dem Erklärungsempfänger nicht als schutzwürdig. Ihm wird dann analog § 119 BGB ein Anfechtungsrecht zugebilligt und er ist nach § 122 Abs. 1 BGB zum Ersatz des Vertrauensschadens verpflichtet.

Die wohl herrschende Meinung geht diese Differenzierung nicht mit. Beim fehlenden Erklärungsbewusstsein wird der Erklärungstatbestand nämlich bewusst in den Rechtsverkehr gebracht.[9] Es fehlt alleine an der Überzeugung, dass etwas Rechtsverbindliches getan wird. Demgegenüber fehlt es bei der angekommenen Willenserklärung bereits an dem Handlungswillen hinsichtlich der Abgabe. Das ist etwas anderes als die Kenntnis der Rechtsverbindlichkeit. In letzter Konsequenz kann diese Ansicht für sich auch die Privatautonomie anführen. Ohne eine willentliche Schaffung eines Erklärungstatbestands kann keine Haftung eintreten. Der deutschen Rechtsordnung ist eine abstrakte Haftung für Urkunden fremd. Darüber hinaus müssen Fälle, bei denen über einen Fahrlässigkeitsvorwurf ein Vertragsschluss begründet wird, auf ein Minimum reduziert werden. Diese sind grundsätzlich einer Schadensersatzpflicht nach den Regeln der culpa in contrahendo zuzuordnen. Das positive Interesse muss daher die Ausnahme bleiben. **271**

(2) Zwischenergebnis

Somit fehlt es an einem Abgabeakt. Die Willenserklärung ist nicht wirksam geworden. Gemäß dem Bearbeitervermerk ist nunmehr in ein Hilfsgutachten überzugehen. **272**

6 *Schack*, Rn. 184.
7 BGH, NJW-RR 2003, 384 (384); *Schack*, Rn. 185.
8 Vgl. *Wendtland*, in: Hau/Poseck, § 130 Rn. 6 mit ausführlichen Literaturnachweisen.
9 Wohl BGH, NJW 1975, 2101 (2102 f.); *Canaris*, JZ 1976, 132 (133).

(3) Zugang (Hilfsgutachten)

273 Die Willenserklärung müsste schließlich dem A zugegangen sein. Dazu müsste die Erklärung in den Machtbereich des A dergestalt gelangt sein, dass dieser von der Erklärung Kenntnis nehmen konnte.[10] Der Brief ist dem A um 8:00 Uhr morgens zugestellt worden. Der Briefkasten stellt für sich genommen den Machtbereich des A dar. Weiterhin werden Briefkästen für gewöhnlich bei der Rückkehr von der Arbeit am Nachmittag gelehrt. Insofern kann davon ausgegangen werden, dass A von dem Inhalt der Erklärung noch am 24.1.2020 Kenntnis nehmen konnte. Auf die tatsächliche Kenntnis kommt es nicht an. § 130 BGB ist Ausdruck der bewussten gesetzgeberischen Entscheidung für die Empfangstheorie und gegen die Vernehmungstheorie.

b) Zwischenergebnis

274 Die Erklärung ist demnach auch zugegangen. Ein möglicher Widerruf kommt demnach zu spät, § 130 Abs. 1 S. 2 BGB

3. Zwischenergebnis

275 Objektiver und subjektiver Tatbestand der Willenserklärung liegen vor. Folglich hat B das Angebot angenommen.

II. Ergebnis

276 Nach der hier vertretenen Lösung kann A nicht die Abnahme des Laptops verlangen. Auf der Grundlage der Gegenmeinung wäre hingegen ein Vertrag zustande gekommen und er könnte gemäß § 433 Abs. 2 BGB die Abnahme verlangen, was freilich voraussetzt, dass B seine Willenserklärung nicht angefochten hat.

Vertiefungshinweise

277 *Medicus/Petersen*, Rn. 257 ff.

Schack, § 9

Neuner, JuS 2007, 401

Wertenbruch, JuS 2020, 481

10 BGH, NJW 2014, 1010 (1011); *Schack*, Rn. 186.

Fall 8

Die Auslegung von Willenserklärungen

A bot im Oktober 2019 über die Internet-Plattform eBay unter Nutzung der Festpreis-Funktion „Sofort-Kaufen" ein E-Bike zum Kauf an. An der dafür vom Plattformbetreiber auf der Angebotsseite vorgesehenen Stelle trug der Beklagte einen Sofortkaufpreis von 100 € und Versandkosten von 39,90 € ein. 278

Die auf der Angebotsseite von A unter Verwendung von Großbuchstaben und Fettdruck der Preisangabe unmittelbar vorangestellte Artikelbezeichnung lautete:

„Pedelec – neu einmalig 2.600 € Beschreibung lesen!!"

Am Ende der Artikelbeschreibung hatte der Beklagte – wiederum in Großbuchstaben – folgende Angaben hinzugefügt:

„Das Fahrrad ist noch original verpackt, kann aber auf Wunsch zusammengebaut werden. Bitte Achtung, da ich bei der Auktion nicht mehr als 100 € eingeben kann (wegen der hohen Gebühren), erklären Sie sich bei einem Gebot von 100 € mit einem Verkaufspreis von 2.600 € + Versand einverstanden. Oder machen Sie mir einfach ein Angebot! Danke."

B erblickte nur den Sofortkaufpreis und las sich die Beschreibung nicht durch. Vielmehr freute er sich über den günstigen Preis und klickte auf „sofort kaufen". Er ging davon aus, ein E-Bike für 100 Euro zuzüglich Versandkosten zu kaufen.

Ist hier ein Vertrag über 2.639,90 Euro oder über 139,90 Euro zustande gekommen? Eine etwaige Unwirksamkeit wegen Willensmängeln und der Zugang der Willenserklärungen ist nicht zu erörtern.

§ 7 Nr. 2 S. 1 und Nr. 3 S. 1 der eBay-AGB lauten:

2. Stellt ein Verkäufer mittels der eBay-Dienste einen Artikel im Auktions- oder Festpreisformat ein, so gibt er ein verbindliches Angebot zum Abschluss eines Vertrags über diesen Artikel ab. Dabei bestimmt er einen Start- bzw. Festpreis und eine Frist, binnen derer das Angebot angenommen werden kann (Angebotsdauer). …

3. Der Verkäufer kann Angebote im Auktionsformat zusätzlich mit einer Sofort-Kaufen-Funktion versehen. …

Vorüberlegungen

279 Solche „eBay-Fälle" haben es in den letzten Jahren vermehrt in die höchstrichterliche Rechtsprechung geschafft und sind dementsprechend von hoher Relevanz in Klausuren. Dies folgt vor allem daraus, dass sich der Vertragsschluss auch bei Onlineauktionen nach den §§ 145 ff. BGB richtet. § 156 BGB findet keine Anwendung.

Es geht regelmäßig um die Auslegung der AGB. Besonders wichtig ist es dabei, die Wirkung der AGB in diesem Dreipersonenverhältnis zu durchblicken: Die AGB werden nicht von einer Vertragspartei „gestellt" (vgl. § 305 Abs. 1 S. 1 BGB), sondern vom Plattformbetreiber, der als Dritter nicht am Abschluss des Kaufvertrags beteiligt ist, als „Spielregeln" den Teilnehmern vorgegeben. Soweit die von den beteiligten Personen abgegebenen Willenserklärungen nicht aus sich heraus verständlich oder lückenhaft sind, sind für die Auslegung im Rahmen der §§ 133, 157 BGB auch die AGB des Plattformbetreibers heranzuziehen.

Verträge, bei denen zwischen Kaufpreis und tatsächlichem Wert der Sache ein erhebliches Missverhältnis besteht, sind regelmäßig nicht nach § 138 BGB oder § 242 BGB nichtig. Es ist gerade der Reiz der Auktion, Schnäppchen zu machen.

Gliederung

280 **A. Vertragsschluss**
Zwei übereinstimmende Willenserklärungen
1. Vertragsschluss nach § 156 BGB
2. Vertragsschluss nach §§ 145 ff. BGB
   a) Angebot durch A
      aa) Vorliegen einer Willenserklärung
         (1) Objektiver Tatbestand
         (2) Subjektiver Tatbestand
      bb) Bestimmtheit
         (1) Perplexität
         (2) essentialia negotii
            (a) Kaufvertragsparteien
            (b) Kaufgegenstand
            (c) Der Kaufprei
      cc) Zugang
      dd) Unwirksamkeit nach der sog. Button-Lösung
      ee) Zwischenergebnis
   b) Annahme
   c) Zwischenergebnis

B. Ergebnis

Musterlösung

A. Vertragsschluss

Zu prüfen ist, ob ein Vertrag über 2.639,90 Euro oder über 139,90 Euro zustande gekommen ist. **281**

Zwei übereinstimmende Willenserklärungen

Ein Vertrag setzt zwei übereinstimmende Willenserklärungen voraus.[1] **282**

1. Vertragsschluss nach § 156 BGB

Zunächst stellt sich die Frage, ob auf der Internetplattform eBay Angebot und Zuschlag für den Vertragsschluss im Sinne von § 156 BGB erforderlich sind. Der Vertrag soll indes nach § 7 Nr. 1 der eBay-AGB nicht durch einen Auktionator, sondern durch die Erklärungen der Mitglieder zustande kommen. Das schließt es aus, den Vertragsschluss vom Zuschlag eines imaginären Dritten abhängig zu machen. eBay sieht insofern nicht die Modalitäten für den Vertragsschluss vor, welche das Gesetz für Versteigerungen zugrunde legt. Das Ende der Bieterfrist markiert nur den Zeitpunkt bis zu dem Angebote abgegeben werden können. § 156 S. 1 BGB ist somit nicht einschlägig. **283**

2. Vertragsschluss nach §§ 145 ff. BGB

Es kommt folglich allein ein Vertragsschluss nach den §§ 145 ff. BGB in Betracht. Ein Vertrag in diesem Sinne setzt folgende zwei übereinstimmende Willenserklärungen voraus: Angebot und Annahme i.S.v. §§ 145 ff. BGB.[2] **284**

a) Angebot durch A

Zunächst könnte im Veröffentlichen der Angebotsseite ein Angebot liegen. Ein Angebot ist eine empfangsbedürftige Willenserklärung, die alle vertragswesentlichen Bestandteile enthält und durch die der Vertragsschluss einem anderen so angetragen wird, dass das Zustandekommen des Vertrages nur noch von dem Einverständnis des Empfängers abhängt.[3] **285**

aa) Vorliegen einer Willenserklärung

Eine Willenserklärung ist eine private Willensäußerung, die auf die Erzeugung einer Rechtswirkung gerichtet ist.[4] **286**

(1) Objektiver Tatbestand

Zunächst muss ein Erklärungstatbestand vorliegen, der bei objektiver Betrachtung Ausdruck des Rechtsbindungswillens ist.[5] **287**

---

1 BGH, NJW 2017, 468 (469); *Schack*, Rn. 177.
2 *Schack*, Rn. 177, 181.
3 *Schack*, Rn. 180; *Flume*, BGB AT II § 35 I 1 (635).
4 BGH, NJW 2001, 289 (290).
5 BGH, VersR 2021, 798 (800).

Der Rechtsbindungswille erscheint vorliegend allerdings fraglich. A könnte die Mitglieder von eBay lediglich aufgefordert haben, ihrerseits einen Antrag abzugeben (invitatio ad offerendum). Dies ist regelmäßig der Fall, wenn der Verkäufer nicht an jeden beliebigen Interessenten verkaufen, sondern sich den Vertragsschluss bis zuletzt selbst vorbehalten möchte, etwa die eigene Leistungsfähigkeit oder die Zahlungsfähigkeit des Käufers im Zeitpunkt des Vertragsschlusses noch prüfen möchte. Ob A ein Angebot abgab, indem er die Angebotsseite freischaltete, ergibt sich durch Auslegung seines Verhaltens nach dem objektiven Empfängerhorizont (§§ 133, 157 BGB).[6]

Dass sich die Angebotsseite an einen unbestimmten Personenkreis richtet, spricht nicht gegen einen Rechtsbindungswillen. Ein Antrag an einen unbestimmten Personenkreis (ad incertas personas) ist ohne weiteres möglich.[7]

Für eine bloße invitatio ad offerendum wird grundsätzlich die Gefahr angeführt, dass sich der Anbieter mehrfacher vertraglicher Verpflichtung aussetzen würde, die er nur einmal erfüllen könnte. Aus § 7 Nr. 1 der AGB von eBay ergibt sich, dass eine Gefahr der mehrfachen Verpflichtung nicht droht. Ein Vertrag kommt lediglich mit dem Höchstbietenden zustande.

288 Diese Annahme kann unterstellt werden, wenn die AGB von eBay für die Auslegung der Erklärung des K herangezogen werden können. Dies erscheint vor dem Hintergrund bedenklich, dass die AGB lediglich Bestandteil der jeweiligen Verträge zwischen eBay und den einzelnen Mitgliedern werden. In den jeweiligen Kaufverträgen unter den Mitgliedern werden sie weder von dem Verkäufer noch dem Käufer als Vertragsbestandteil nach § 305 Abs. 1 BGB gestellt oder nach § 305 Abs. 2 BGB einbezogen. Vertragliche Absprachen wirken grundsätzlich zwischen den jeweiligen Vertragsparteien (Grundsatz der Relativität der Schuldverhältnisse).

289 Wie die Teilnehmer einer solchen Auktion ihr Verhalten untereinander verstehen dürfen, wird dennoch entscheidend von den AGB des Plattformbetreibers bestimmt. Die AGB sollen nach ihrem Inhalt erkennbar auch gestalten, wie Verträge unter den Teilnehmern zustande kommen, und insoweit für Einheitlichkeit sorgen. Diesem Gestaltungswillen folgen die Mitglieder, wenn sie ein Angebot online stellen. Folglich sind die AGB in den jeweiligen Rechtsverhältnissen unter den Teilnehmern als Auslegungsrichtlinien für das Verhalten und den Vertragsinhalt im Rahmen der §§ 133, 157 BGB heranzuziehen.[8]

A setzte sich durch einen bindenden Antrag folglich nicht der Gefahr aus, sich mehrfach zu verpflichten. Vielmehr sprechen die eBay-AGB deutlich dafür, bereits im Veröffentlichen der Angebotsseite ein bindendes Angebot zu erblicken.

(2) Subjektiver Tatbestand

290 Im Lichte dieser Lösung bestehen keine Zweifel an Handlungswille, Erklärungsbewusstsein und Geschäftswille.

---

6 *Schack*, Rn. 181; vgl. *Busche*, in: MüKoBGB, § 145 Rn. 10 ff.
7 *Mansel*, in: Jauernig, § 145 Rn. 2 f.
8 BGH, NJW 2017, 1660 (1661 f.).

bb) Bestimmtheit

Weiterhin müsste das Angebot bestimmt sein, d.h. sämtliche essentialia negotii enthalten. **291**

(1) Perplexität

Zunächst könnte die Willenserklärung wegen Perplexität unwirksam sein. Perplex ist eine Willenserklärung, deren Inhalt nicht durch Auslegung ermittelt werden kann.[9] Nach dem oben Gesagten, ist eine Auslegung jedoch möglich. **292**

(2) essentialia negotii

Die Bestimmtheit des Angebots setzt grundsätzlich voraus, dass es die Vertragsparteien, den Kaufgegenstand und den Kaufpreis benennt.[10] **293**

(a) Kaufvertragsparteien

Bei Erstellung des Angebots waren weder die Person des Vertragspartners, noch die Höhe des Kaufpreises bei Abgabe des Antrags bestimmt. Allerdings genügt es, wenn diese Vertragsbestandteile zum Abgabezeitpunkt bereits derart bestimmbar waren, dass sie in Verbindung mit der nachfolgenden Annahme zum Zeitpunkt der letzten vertragswesentlichen Erklärung feststehen. Der Grad der notwendigen Bestimmtheit hängt von dem jeweiligen in Aussicht genommenen Rechtsgeschäft ab.[11] **294**

Durch das in den AGB festgelegte Verfahren waren bereits zum Zeitpunkt, als K die Angebotsseite freischaltete, die Kriterien festgelegt, nach denen bei Auktionsende der Vertragspartner sowie der Kaufpreis bestimmt werden konnten. Danach sollte der Vertrag mit dem zum Auktionsende Höchstbietenden zum Preis von dessen Höchstgebot zustande kommen. Auf dieser Grundlage sind die gewünschten Rechtsfolgen der Erklärung hinreichend bestimmbar.

(b) Kaufgegenstand

Der Kaufgegenstand stand stets fest: Pedelec. **295**

(c) Der Kaufpreis

Problematisch erscheint ferner, inwiefern hier die Sofort-Kauf-Option einen Kaufpreis zugrunde gelegt hat. A hat bereits in der Überschrift und in der Artikelbeschreibung einen höheren Preis angegeben. Das hat er deshalb gemacht, um die Verkaufsprovision der eBay-AGB zu reduzieren. Insofern stellt sich die Frage, wie diese Erklärung einzuordnen ist. **296**

Auf der Grundlage der soeben geschilderten Bedeutung der eBay-AGB als Auslegungshilfe bleibt es grundsätzlich im Verhältnis zum Käufer in der Hand des Verkäufers sein Angebot gemäß §§ 133, 157, 242 BGB auszugestalten.

---

9 BGH, NJW 1956, 665.
10 *Busche*, in: MüKoBGB, § 145 Rn. 6.
11 Vgl. die Übersicht bei *Eckert*, in: Hau/Poseck, § 145 Rn. 34.

297 Nach §§ 133, 157, 242 BGB darf sich die Auslegung des Angebots nicht auf den Umstand beschränken, dass das E-Bike aufgrund der Wahl der Verkaufsform und des neben dem Sofortkauf-Button angegebenen Festpreises auf den ersten Blick für einen Preis von 100 € zum (Sofort-)Kauf stehen sollte. Denn eine Auslegung darf sich jedenfalls bei einem Individualangebot nicht auf einzelne Aussagen gründen, sondern hat die im Wortlaut des Angebots getroffenen Aussagen in ihrer Gesamtheit zu berücksichtigen und darf sich nicht nur auf die einem Anspruchsteller günstigen Erklärungsbestandteile stützen.[12]

298 Zwar mag B aufgrund der Gestaltung der Angebotsseite nach seinem Empfängerhorizont zunächst davon ausgegangen sein, dass der neben der Schaltfläche „Sofort-Kaufen" erscheinende und optisch hervorgehobene Festpreis betragsmäßig dem Angebot des Verkäufers entspricht. Dabei darf er jedoch nicht stehenbleiben. Vielmehr muss er zur Bestimmung des wirklichen Erklärungstatbestands stets die insgesamt abgegebenen Erklärungen berücksichtigen und darf nicht nur einzelne Erklärungsbestandteile als vermeintlich maßgebend herausgreifen.

299 Bei der danach gebotenen Vorgehensweise zur Erfassung des Angebotsinhalts fällt zwar zunächst ein Widerspruch zwischen dem ins Auge springenden Sofortkauf-Angebot über 100 € und der nachfolgend in der Beschreibung enthaltenen Erklärung auf, nach der bei einer Gebotsabgabe das Einverständnis mit einem Verkaufspreis von 2.600 € besteht. Dieser Widerspruch löst sich jedoch allein schon durch die abgegebenen Erklärungen dahin auf, dass der im Eingang genannte Angebotspreis von 100 € nur zwecks Einsparung von Verkaufsgebühren genannt, in Wirklichkeit aber nicht gewollt war, sondern auf 2.600 € lauten sollte, und dass das Angebot bei einer Betätigung des Buttons zu diesem Preis angenommen würde. Zudem hatte der Beklagte bereits in der direkt über dem Sofortkauf-Button platzierten Angebotsüberschrift einen Preis von 2.600 € deutlich sichtbar hervorgehoben und zur Erläuterung auf die nachgestellte Beschreibung verwiesen.

cc) Zugang

300 Der Zugang war laut Bearbeitervermerk nicht zu erörtern. Heute ist gemeinhin anerkannt, dass eBay als Plattform Empfangsvertreterin nach § 164 Abs. 3 BGB für sämtliche Erklärungen im Zusammenhang des Vertragsschlusses ist.[13] Mit Schalten des Angebots ist dieses sämtlichen Nutzern zugegangen.

dd) Unwirksamkeit nach der sog. Button-Lösung

301 § 312j Abs. 4 BGB (sog. Button-Lösung) hat vorliegend keine Bedeutung, da ein Verkauf von Verbraucher zu Verbraucher vorliegt. § 312j BGB richtet sich hingegen an einen Unternehmer i.S.v. § 14 BGB.

ee) Zwischenergebnis

302 Insgesamt hat A daher ein wirksames Angebot zum Verkauf eines E-Bikes in Höhe von 2.600 Euro unterbreitet.

---

12 BGH, NJW 2017, 1660 (1661 f.).
13 BGH, NJW 2017, 1660 (1661 f.).

b) Annahme

Mit der Bestätigung der Schaltfläche „Sofort kaufen“ nahm B dieses Angebot an. Dass er von einem anderen Preis ausging, ist wegen des Grundsatzes des objektiven Empfängerhorizonts an dieser Stelle nicht entscheidend. **303**

c) Zwischenergebnis

Ein Vertrag über 2.600 Euro zuzüglich des Versands (39,90 Euro) wurde geschlossen. **304**

B. Ergebnis

Ein Vertrag ist über 2.639,90 Euro und nicht über 139,90 Euro zustande gekommen. **305**

Vertiefungshinweise

Schack, § 9 **306**
Medicus/Petersen, Rn. 307 ff.

Fall 9

Form und Vertragsschluss

307 K beabsichtigt ein Haus in Wiesbaden zu erwerben. Hierzu einigt er sich mit V über den Kauf eines Einfamilienhauses im Wiesbadener Außenbezirk für 400.000 Euro. Beide erklärten vor dem Notar, dass V sich verpflichtet, K das Eigentum zu übertragen. Allerdings kam es zu Terminkollisionen, so dass K und V das Dokument an unterschiedlichen Tagen unterzeichneten. Zur Absicherung der Summe sollte sich K verpflichten, eine Bürgschaft beizubringen. Hierzu wandte er sich an seinen guten und vermögenden Freund E via E-Mail und bat diesen um die Übernahme einer Bürgschaft. E schrieb handschriftlich an V folgenden Brief:

> Sehr geehrter V
>
> Hiermit zeige ich meine Bereitschaft an, eine Bürgschaft über die 400.000 Euro aus dem Kaufvertrag zu übernehmen.
>
> Herzlichst
>
> Eduard Ehrlich.

E wollte in der Nachricht lediglich seine Bereitschaft zur Bürgschaftserklärung zum Ausdruck bringen und noch kein bindendes Angebot abgeben. V hingegen verstand diese Nachricht als bindendes Angebot. V rief E daher sofort an und bedankte sich für die Übernahme der Bürgschaft. E, der es sich zwischenzeitlich anders überlegt hatte, wies die Bürgschaft hingegen zurück.

Frage 1: Ist der Kaufvertrag (lies: § 311b BGB) zwischen K und V wirksam? Die Anforderungen des BeurkG sind eingehalten.

Frage 2: Ist zwischen V und E ein wirksamer Bürgschaftsvertrag (lies: § 766 BGB) zustande gekommen?

Vorüberlegungen

Bestimmte Verträge sind an Formvorschriften gekoppelt. Zwar besteht grundsätzlich Formfreiheit, dennoch erfordern manche Vertragstypen aus Gründen des Beweises und aus Warnzwecken eine besondere Form. Zu diesen Vertragstypen gehören unter anderem Kaufverträge über Grundstücke und Bürgschaften. Wegen der enormen wirtschaftlichen Bedeutung sollen die Parteien durch die Form besonders geschützt werden. Dabei ist – wie hier durch die Fallfrage angekündigt – § 311b BGB zu beachten. **308**

Bei einer Bürgschaft handelt es sich um ein akzessorisches Sicherungsmittel. Durch sie kann eine Forderung „abgesichert" werden. Soweit der Gläubiger sich nicht beim Schuldner befriedigen kann, kann er sich an den Bürgen wenden.

Insbesondere in Anfängerklausuren gibt es Fallfragen, in denen lediglich nach dem Zustandekommen eines Vertrages gefragt wird. An dieser Stelle wäre es verfehlt, einen Anspruch zu prüfen.

Gliederung

A. Wirksamkeit des Kaufvertrags (Frage 1) **309**
- **I. Vertragsschluss**
- **II. Formwirksamkeit des Vertrags**
  - 1. Bezugspunkt des Formerfordernisses
  - 2. Sukzessive Beurkundung
  - 3. Verfahrensanforderungen
  - 4. Zwischenergebnis
- **III. Ergebnis**

B. Wirksamkeit der Bürgschaft (Frage 2)
- **I. Vertragsschluss**
  - 1. Angebot durch E
    - a) Vorliegen einer Willenserklärung
      - aa) Objektiver Tatbestand
      - bb) Subjektiver Tatbestand
        - (1) Handlungswille
        - (2) Erklärungsbewusstsein
        - (3) Geschäftswille
        - (4) Zwischenergebnis
    - b) Bestimmtheit
    - c) Abgabe und Zugang
    - d) Formwirksamkeit der Willenserklärung
      - aa) Bezugspunkt
      - bb) Schriftform
      - cc) Zwischenergebnis
  - 2. Annahmeerklärung von V
- **II. Ergebnis**

Musterlösung

A. Wirksamkeit des Kaufvertrags (Frage 1)

310 Zu prüfen ist, ob der Kaufvertrag wirksam ist.

I. Vertragsschluss

311 Ein Vertrag kommt durch zwei übereinstimmende Willenserklärungen, Antrag und Annahme, nach §§ 145 ff. BGB zustande.[1] Die Kaufparteien, K und V, waren sich einig, dass K ein Haus, den Kaufgegenstand, für 400.000 Euro, den Kaufpreis, erwerben sollte. An einem Vertragsschluss bestehen daher keine Zweifel.

II. Formwirksamkeit des Vertrags

312 Weiterhin müsste der Vertrag nach §§ 311b, 128 BGB ordnungsgemäß notariell beurkundet worden sein. Anderenfalls wäre der Vertrag nach § 125 S. 1 BGB unwirksam.

1. Bezugspunkt des Formerfordernisses

313 Nach § 311b Abs. 1 S. 1 BGB bedarf ein Vertrag, durch den sich der eine Teil verpflichtet, das Eigentum an einem Grundstück zu übertragen oder zu erwerben, der notariellen Beurkundung. Der Kaufvertrag stellt einen solchen Vertrag dar. Der Formzwang ergreift gemäß dem Vollständigkeitsgrundsatz die Erklärungen beider Vertragsteile.

2. Sukzessive Beurkundung

314 Es fragt sich, ob die Form auch im Hinblick darauf eingehalten wurde, dass die beiden Parteien den Vertrag wegen der Terminkollision an unterschiedlichen Tagen haben beurkunden lassen. Nach § 128 BGB ist eine sog. sukzessive Beurkundung zulässig. § 311b BGB enthält insoweit keine spezielleren Vorgaben. Dass die Beurkundung nacheinander stattgefunden hat, war deshalb zulässig.

3. Verfahrensanforderungen

315 Die Anforderungen nach den §§ 6 ff. BeurkG sind eingehalten.

4. Zwischenergebnis

316 Das Formerfordernis des § 311b BGB wurde gewahrt.

III. Ergebnis

317 Ein formwirksamer Kaufvertrag i.S.d. § 433 BGB liegt vor.

B. Wirksamkeit der Bürgschaft (Frage 2)

318 Zu prüfen ist, ob der Bürgschaftsvertrag i.S.v. § 765 BGB wirksam ist.

1 BGH, NJW 2017, 468 (469); *Schack*, Rn. 177.

I. Vertragsschluss

Ein Vertrag kommt durch zwei übereinstimmende Willenserklärungen, Antrag und Annahme, nach §§ 145 ff. BGB zustande.[2] **319**

1. Angebot durch E

Ein Angebot ist eine empfangsbedürftige Willenserklärung, die alle vertragswesentlichen Bestandteile enthält und durch die der Vertragsschluss einem anderen so angetragen wird, dass das Zustandekommen des Vertrages nur noch von dem Einverständnis des Empfängers abhängt.[3] **320**

a) Vorliegen einer Willenserklärung

Eine Willenserklärung ist eine private Willensäußerung, die auf die Erzeugung einer Rechtsfolge gerichtet ist. Sie setzt sich aus einem objektiven und einem subjektiven Tatbestand zusammen.[4] **321**

aa) Objektiver Tatbestand

Der objektive Tatbestand setzt einen Erklärungstatbestand voraus, der bei objektiver Betrachtung als Ausdruck eines Rechtsbindungswillens verstanden werden kann.[5] **322**

Es stellt sich die Frage, ob die Anzeige der Bereitschaft zur Übernahme einer Bürgschaft bereits im Adressaten den Eindruck hervorruft, hiermit ein rechtsverbindliches Angebot abzugeben. Diese Frage ist im Wege der Auslegung nach §§ 133, 157, 242 BGB zu ermitteln. Zunächst könnte man erwägen zwischen der Übernahme und der Erklärung der Bereitschaft zu differenzieren.[6] Das wirft jedoch die Frage auf, welchen Sinn die Erklärung der Bereitschaft gegenüber dem anderen Teil dann haben soll. Eine Absichtserklärung erscheint für die betroffenen Verkehrskreise nicht ausreichend. Es geht gerade um die Übernahme einer Bürgschaft. Vielmehr darf der Adressat einer solchen Erklärung nach Treu und Glauben redlicherweise davon ausgehen, dass in der Erklärung bereits der Wille für die Bürgschaft einzustehen enthalten ist. Somit stellt die Erklärung einen Erklärungstatbestand dar, der einen Rechtsbindungswillen transportiert. Dass E dies nicht wollte, ist an dieser Stelle irrelevant.

bb) Subjektiver Tatbestand

Weiterhin müsste auch der subjektive Tatbestand der Willenserklärung gegeben sein. **323**

(1) Handlungswille

Das Schreiben wurde mit Handlungswillen erstellt. **324**

2 BGH, NJW 2017, 468 (469); *Schack*, Rn. 177.
3 *Flume*, BGB AT II § 35 I 1 (635).
4 BGH, NJW 2001, 289 (290).
5 BGH, VersR 2021, 798 (800).
6 Kritisch zum Originalfall: *Canaris*, NJW 1984, 2279.

(2) Erklärungsbewusstsein

325 Problematisch erscheint jedoch, dass E sich durch das Schreiben gar nicht rechtlich binden wollte. Das Erklärungsbewusstsein wird definiert als das Bewusstsein, irgendeine rechtserhebliche Erklärung abzugeben.[7] Daran fehlte es bei E.

Wie das Fehlen des Erklärungsbewusstseins rechtlich zu behandeln ist, ist umstritten. Zum Teil wird das Erklärungsbewusstsein als Wirksamkeitsvoraussetzung der Willenserklärung angesehen.[8] Die herrschende Meinung in Rechtsprechung und Literatur hingegen hält es für entbehrlich, wenn der Erklärungsempfänger davon ausgehen durfte, ihm gegenüber werde gerade mit Erklärungsbewusstsein gehandelt und der Erklärende bei Anwendung der verkehrsüblichen Sorgfalt hätte erkennen können, dass seine Erklärung als solche verstanden werden könnte (sog. Abgabefahrlässigkeit).[9] Da E hier offensichtlich fahrlässig handelte, kommen die Ansichten zu unterschiedlichen Ergebnissen. Der Streit ist zu entscheiden.

326 Gegen die herrschende Meinung wird angeführt, dass diese einen Vertrag über das Rechtsinstitut des Verschuldens bei Vertragsschluss begründen. Die §§ 280, 311, 249 BGB könnten aber nur einen Vertrauensschaden ersetzen und gerade keine primäre Leistungspflicht begründen. Außerdem zeige § 118 BGB, dass ein fehlendes Erklärungsbewusstsein zur Unwirksamkeit einer Erklärung führen könne. Wenn schon der Fall des bewussten Fehlens des Erklärungsbewusstseins die Unwirksamkeit nach sich ziehe, müsse dies erst Recht auch generell gelten.[10]

327 Die herrschende Meinung folgt dieser Argumentation zu Recht nicht. Die vertragliche Bindung folgt aus dem Grundsatz des Verkehrsschutzes, der ein zentrales Prinzip des BGB darstellt. Die Figur der Abgabefahrlässigkeit stellt vor diesem Hintergrund ein einschränkendes Merkmal zugunsten des Erklärenden dar und setzt in gewisser Weise den subjektiven Tatbestand der Willenserklärung fort. Schließlich folgt gerade aus dem Umkehrschluss des § 118 BGB, dass gerade nicht jedes Fehlen des Erklärungsbewusstseins zur Unwirksamkeit führen darf. Anderenfalls bedürfte es der Regelung nicht.[11]

Mithin ist das Fehlen des Erklärungsbewusstseins entbehrlich.

(3) Geschäftswille

328 Grundsätzlich setzt eine Willenserklärung auch einen Geschäftswillen voraus. Fehlt dieser, so wie hier, ist das Fehlen jedoch unerheblich. Aus § 116 BGB lässt sich folgern, dass nach dem Willen des Gesetzgebers auch dann eine Willenserklärung vorliegen soll, wenn der Wille gerade nicht auf den Geschäftsinhalt bezogen war.

(4) Zwischenergebnis

329 Somit liegt eine Willenserklärung vor.

---

7 *Schack*, Rn. 204.
8 Hierzu: *Armbrüster*, in: MüKoBGB, Vor § 116 Rn. 27.
9 BGH, NJW 1984, 2279.
10 *Canaris*, NJW 1984, 2279 (2281).
11 Vgl. zum Ganzen *Schack*, Rn. 204 f.

b) Bestimmtheit

Der Bürgschaftsvertrag ist ein Vertrag zwischen Bürge und dem Gläubiger eines Dritten (sog. Bürgschaftsnehmer) für eine bestimmte Schuld einzustehen. Die Vertragsparteien waren in der Erklärung klar umrissen, auch die Einstandspflicht war in der Erklärung enthalten. Insoweit fragt sich, ob die Bezeichnung des Kaufvertrags genügt. Für die Parteien ist jedoch ohne Weiteres bestimmbar, dass der Kaufvertrag zwischen V und K gemeint ist. Daher ist der Bürgschaftsvertrag hinreichend bestimmt. **330**

c) Abgabe und Zugang

Weiterhin ist die Willenserklärung V auch zugegangen i.S.v. § 130 BGB. **331**

d) Formwirksamkeit der Willenserklärung

Jedoch könnte die Bürgschaftserklärung nach §§ 766, 125 BGB unwirksam sein. Zur Gültigkeit des Bürgschaftsvertrags ist gemäß § 766 BGB die schriftliche Erteilung der Bürgschaftserklärung erforderlich. **332**

aa) Bezugspunkt

Die Bürgschaftserklärung muss schriftlich erteilt werden. Gemeint ist damit nicht, dass der gesamte Bürgschaftsvertrag schriftlich abgefasst sein muss. Einigkeit herrscht vielmehr, dass sich § 766 BGB grundsätzlich nur auf die Erklärung des Bürgen bezieht.[12] Ob die Annahmeerklärung ebenfalls formbedürftig ist, braucht hier nicht entschieden zu werden. **333**

bb) Schriftform

Ist durch Gesetz die schriftliche Form vorgeschrieben, so muss die Urkunde von dem Aussteller eigenhändig nach § 126 Abs. 1 BGB durch Namensunterschrift oder mittels notariell beglaubigten Handzeichens unterzeichnet werden. Das Schriftformerfordernis erstreckt sich auf sämtliche konstitutiven Merkmale des Bürgschaftsvertrags. **334**

Ausweislich des Dokuments hat E seine Erklärung handschriftlich unterschrieben und wahrte somit die Schriftform.

cc) Zwischenergebnis

Die Bürgschaftserklärung ist nicht gemäß §§ 126, 766 BGB unwirksam. **335**

2. Annahmeerklärung von V

Weiterhin müsste V das Angebot angenommen haben. Zweifel hinsichtlich dieser Erklärung bestehen nur hinsichtlich § 766 BGB, da E die Zustimmung telefonisch erklärt hat. Aus dem Wortlaut des § 766 BGB lässt sich nicht entnehmen, dass der gesamte Vertrag der Schriftform unterliegt. Vielmehr ist die Annahmeerklärung formfrei möglich. Mithin hat V den Bürgschaftsvertrag angenommen. **336**

---

12 *Habersack*, in: MüKoBGB, § 766 Rn. 5.

II. Ergebnis

337 Zwischen V und E ist ein wirksamer Bürgschaftsvertrag zustande gekommen.

Vertiefungshinweise

338 Zur Form:

Medicus/Petersen, Rn. 609 ff.
Mankowski, JZ 2010, 662
Schack, Rn. 316 ff.

Zum Erklärungsbewusstsein:

Medicus/Petersen, Rn. 591 ff.

Fall 10

Vertragsschluss und Dissens

A möchte von B ein hochwertiges Fahrrad erwerben. Das Fahrrad ist ein Herrenrad, hat einen Carbon-Rahmen, eine Rahmengröße von 29 Zoll und verfügt über 12 Gänge. A machte daher B ein Angebot i.H.v. 800 Euro. In dem mehrseitigen Angebotsschreiben sprach er wiederholt davon, dass er ein 27 Zoll-Rad kaufen wolle. Er meinte aber 29 Zoll. Auch B, dem das Schreiben zuging, ging beim Lesen des Schreibens von seinem 29 Zoll-Rad aus, da er nur dieses eine Rad besaß. Folglich maß er dem Brief an dieser Stelle keine Bedeutung zu und sandte B die Annahme des Vertragsangebots zu. **339**

Frage 1: Kann A auch Lieferung des Fahrrads mit 27 Zoll verlangen?

Frage 2: Angenommen A und B haben über die Rahmengröße des Rades gesprochen, diese dann aber vergessen zu klären und trotzdem einen Vertrag über das Rad zu 800 Euro geschlossen. Ist der Vertrag wirksam?

Vorüberlegungen

340 Der Fall verdeutlicht, dass es im Rahmen von Vertragsschlüssen häufig zu Missverständnissen kommt. Im Sinne des Verkehrsschutzes werden die Willenserklärungen deswegen nach dem objektiven Empfängerhorizont ausgelegt. Also so, wie der Empfänger der Erklärung diese verstehen durfte. Soweit beide Parteien übereinstimmend von einem anderen Vertragsinhalt ausgehen als es die Anwendung des objektiven Empfängerhorizonts begründet, bedarf es insoweit keines Verkehrsschutzes durch §§ 133, 157, 242 BGB, sodass das tatsächlich Gemeinte gilt, soweit beide Parteien dasselbe meinen.

Wenn die Auslegung ergibt, dass die Willenserklärungen der Parteien nicht übereinstimmen, liegt ein Dissens (Einigungsmangel) vor. Bei einem Dissens über Hauptpunkte kommt der Vertrag nicht zustande. Bei einem Dissens, der kein Totaldissens ist, kommen die §§ 154, 155 BGB zur Anwendung.

Gliederung

341 **A. Lieferung eines Fahrrads mit 27 Zoll (Frage 1)**

- **I. Anspruch entstanden**
  - 1. Angebot durch A
    - a) Vorliegen einer Willenserklärung
      - aa) Objektiver Tatbestand
      - bb) Subjektiver Tatbestand
      - cc) Zwischenergebnis
    - b) Bestimmtheit
    - c) Abgabe und Zugang
  - 2. Annahmeerklärung des B
  - 3. Falsa demonstratio non nocet
  - 4. Zwischenergebnis
- **II. Ergebnis**

B. Wirksamkeit des Vertrags (Frage 2)

- 1. Angebot durch A
  - a) Vorliegen einer Willenserklärung
    - aa) Objektiver Tatbestand
    - bb) Subjektiver Tatbestand
    - cc) Zwischenergebnis
  - b) Bestimmtheit
  - c) Abgabe und Zugang
- 2. Annahmeerklärung von B
- 3. Offener Einigungsmangel
- 4. Versteckter Einigungsmangel
  - a) accidentalia negotii
  - b) Keine Übereinstimmung
  - c) Auslegungsregel
- 5. Ergebnis

Musterlösung

A. Lieferung eines Fahrrads mit 27 Zoll (Frage 1)

A könnte gegen B einen Anspruch auf Lieferung des Fahrrads mit 27 Zoll nach § 433 Abs. 1 S. 1 BGB haben. **342**

I. Anspruch entstanden

Das setzt voraus, dass ein Kaufvertrag über ein Fahrrad mit diesen Eigenschaften zustande gekommen ist. Ein Vertrag setzt mindestens zwei übereinstimmende Willenserklärungen voraus, Antrag und Annahme nach §§ 145 ff. BGB.[1] **343**

1. Angebot durch A

Ein Angebot ist eine empfangsbedürftige Willenserklärung, die alle vertragswesentlichen Bestandteile enthält und durch die der Vertragsschluss einem anderen so angetragen wird, dass das Zustandekommen des Vertrages nur noch von dem Einverständnis des Empfängers abhängt.[2] **344**

a) Vorliegen einer Willenserklärung

Eine Willenserklärung ist eine private Willensäußerung, die auf die Erzeugung einer Rechtsfolge gerichtet ist.[3] Sie setzt sich aus einem objektiven und einem subjektiven Tatbestand zusammen. **345**

aa) Objektiver Tatbestand

Der objektive Tatbestand setzt einen Erklärungstatbestand voraus, der bei objektiver Betrachtung als Ausdruck eines Rechtsbindungswillens verstanden werden kann.[4] Aus dem Angebotsschreiben folgt ein Rechtsbindungswille. Der objektive Tatbestand ist somit gegeben. **346**

bb) Subjektiver Tatbestand

Das Schreiben wurde mit Handlungswillen und Erklärungsbewusstsein erstellt. Einzig problematisch erscheint, dass der Geschäftswille (29 Zoll) möglicherweise nicht kongruent mit dem objektiven Tatbestand ist (27 Zoll). Diese Frage ist für den Geschäftswillen indes unerheblich. Aus § 116 BGB lässt sich folgern, dass nach dem Willen des Gesetzgebers auch dann eine Willenserklärung vorliegen soll, wenn der Wille gerade nicht auf den konkreten Geschäftsinhalt bezogen war. Damit sind auch Fehlvorstellungen für die Wirksamkeit einer Willenserklärung per se unerheblich. **347**

---

1 BGH, NJW 2017, 468 (469); *Schack*, Rn. 177.
2 *Schack*, Rn. 180; *Flume*, BGB AT II § 35 I 1 (635).
3 BGH, NJW 2001, 289 (290).
4 BGH, VersR 2021, 798 (800).

cc) Zwischenergebnis

348 Somit liegt eine Willenserklärung vor.

b) Bestimmtheit

349 Das Angebot war auch inhaltlich bestimmt. Es bestimmte die essentialia negotii (Kaufparteien, Kaufgegenstand und Kaufpreis).[5] Die 27 Zoll stellen zwar eine Nebenbestimmung zum Kaufgegenstand dar, aus dem Brief geht jedoch gemäß dem objektiven Empfängerhorizont nach §§ 133, 157, 242 BGB hervor, dass 27 Zoll gewünscht waren.

c) Abgabe und Zugang

350 An Abgabe und Zugang der Erklärung bestehen keine Zweifel.

2. Annahmeerklärung des B

351 Dieses Angebot nahm B an. Nach §§ 133, 157, 242 BGB muss die Willenserklärung nach dem objektiven Empfängerhorizont ausgelegt werden. Das bedeutet, dass der redliche Empfänger die Zustimmung im Lichte des Angebotsschreibens verstehen muss und somit von einer Zustimmung zu einem Vertrag über ein Rad mit einem Rahmen von 27 Zoll ausgehen durfte.

3. Falsa demonstratio non nocet

352 Es stellt sich jedoch die Frage, ob dieses Ergebnis zu korrigieren ist. Sowohl A als auch B gingen bei der Abgabe übereinstimmend von einer anderen Rahmengröße aus.

Gehen die Parteien übereinstimmend von einem anderen Vertragsinhalt aus als die Anwendung des objektiven Empfängerhorizonts begründet, kommt es auf die primäre Schutzwirkung der §§ 133, 157, 242 BGB, den Verkehr zu schützen, nicht mehr an. Vielmehr kann nun objektiv nachvollzogen werden, welcher natürliche Wille bei beiden Parteien vorlag. Es gibt somit keinen Grund, einen anderen Vertragsinhalt zuzulassen. Im Lichte des Prinzips der Privatautonomie ist dieses Ergebnis sogar zwingend geboten, weil anderenfalls ein Vertrag gegen den feststehenden Willen der Vertragsparteien zustande käme.[6] Korrekterweise ist daher das wirklich Gewollte in diesem Fall der Vertragsinhalt: die Falschbezeichnung schadet nicht *(falsa demonstratio non nocet)*.[7]

4. Zwischenergebnis

353 Ein Vertrag ist über das Fahrrad mit einer Zollgröße von 29 Zoll zustande gekommen. Der Anspruch ist demnach entstanden.

II. Ergebnis

354 A hat somit keinen Anspruch gegen B auf Lieferung des Fahrrads mit 27 Zoll nach § 433 Abs. 1 S. 1 BGB.

---

5 *Schack*, Rn. 177; *Busche*, in: MüKoBGB, § 145 Rn. 6.
6 BGH, NJW 1956, 665.
7 *Schack*, Rn. 208.

B. Wirksamkeit des Vertrags (Frage 2)

Zu prüfen ist die Wirksamkeit des Vertrags. Ein Vertrag setzt mindestens zwei übereinstimmende Willenserklärungen voraus, Antrag und Annahme nach §§ 145 ff. BGB.[8] **355**

1. Angebot durch A

Ein Angebot ist eine empfangsbedürftige Willenserklärung, die alle vertragswesentlichen Bestandteile enthält und durch die der Vertragsschluss einem anderen so angetragen wird, dass das Zustandekommen des Vertrages nur noch von dem Einverständnis des Empfängers abhängt.[9] **356**

a) Vorliegen einer Willenserklärung

Eine Willenserklärung ist eine private Willensäußerung, die auf die Erzeugung einer Rechtsfolge gerichtet ist.[10] Sie setzt sich aus einem objektiven und einem subjektiven Tatbestand zusammen. **357**

aa) Objektiver Tatbestand

Der objektive Tatbestand setzt einen Erklärungstatbestand voraus, der bei objektiver Betrachtung als Ausdruck eines Rechtsbindungswillens verstanden werden kann.[11] Aus dem Angebotsschreiben folgt ein Rechtsbindungswille. Der objektive Tatbestand ist somit gegeben. **358**

bb) Subjektiver Tatbestand

Das Schreiben wurde mit Handlungswillen und Erklärungsbewusstsein erstellt. Ausweislich des Sachverhaltes ist nicht klar, ob ein Geschäftswille auf die Zollgröße bezogen war. Diese Frage ist für den Geschäftswillen indes unerheblich. Aus § 116 BGB lässt sich folgern, dass nach dem Willen des Gesetzgebers auch dann eine Willenserklärung vorliegen soll, wenn der Wille gerade nicht auf den konkreten Geschäftsinhalt bezogen war. Damit sind auch Fehlvorstellungen für die Wirksamkeit einer Willenserklärung per se unerheblich. **359**

cc) Zwischenergebnis

Somit liegt eine Willenserklärung vor. **360**

b) Bestimmtheit

Das Angebot war auch inhaltlich bestimmt. Es bestimmte die essentialia negotii (Kaufparteien, Kaufgegenstand und Kaufpreis). Das Fehlen einer Bestimmung in einem Vertrag, hier: die 29 Zoll, ist für die Bestimmtheit einer Erklärung nicht erheblich. **361**

---

8 BGH, NJW 2017, 468 (469); *Schack*, Rn. 177.
9 *Schack*, Rn. 180; *Flume*, BGB AT II § 35 I 1 (635).
10 BGH, NJW 2001, 289 (290).
11 BGH, VersR 2021, 798 (800).

c) Abgabe und Zugang

362 An Abgabe und Zugang der Erklärung bestehen keine Zweifel.

2. Annahmeerklärung von B

363 Dieses Angebot nahm B an. Die Annahme bezog sich auf die Vertragsparteien, den Kaufpreis und den Kaufgegenstand. Auf die Zollgröße bezog sie sich hingegen nicht, da diese nicht zum Gegenstand des Angebots gemacht wurde. Somit hat B grundsätzlich das Angebot des A angenommen.

3. Offener Einigungsmangel

364 Jedoch könnte der Wirksamkeit des Vertrags § 154 Abs. 1 S. 1 BGB entgegenstehen. Solange nicht die Parteien sich über alle Punkte eines Vertrags geeinigt haben, über die nach der Erklärung auch nur einer Partei eine Vereinbarung getroffen werden soll, ist im Zweifel der Vertrag nicht geschlossen. § 154 BGB erfasst den sog. offenen Einigungsmangel: die Parteien wussten, dass sie sich noch nicht geeinigt hatten. Da A und B diese vertragliche Frage vergaßen, liegt kein offener Einigungsmangel vor.

4. Versteckter Einigungsmangel

365 Jedoch könnte ein versteckter Einigungsmangel nach § 155 BGB vorliegen. Haben sich die Parteien bei einem Vertrag, den sie als geschlossen ansehen, über einen Punkt, über den eine Vereinbarung getroffen werden sollte, in Wirklichkeit nicht geeinigt, so gilt nach § 155 BGB das Vereinbarte, sofern anzunehmen ist, dass der Vertrag auch ohne eine Bestimmung über diesen Punkt geschlossen sein würde.[12]

a) accidentalia negotii

366 § 155 BGB gilt nur für Bestimmungen jenseits der wesentlichen Vertragsbedingungen *(accidentalia negotii)*. Haben sich die Parteien über ein wesentliches Merkmal des Vertrags nicht geeinigt, liegt bereits ein sog. Totaldissens vor. Diesen nennen die §§ 145 ff. BGB zwar nicht ausdrücklich, er folgt aber zwingend aus dem System von Antrag und Annahme.[13]

Die Rahmengröße beschreibt zwar den Kaufgegenstand, für den Kaufvertrag ist allerdings nur wesentlich, dass eine Sache veräußert wird. Die genauen Spezifikationen bleiben eine Frage der Nebenbestimmungen. Somit stellt die Rahmengröße eine Nebenbestimmung dar. § 155 BGB findet auf die vorliegende Frage Anwendung.

b) Keine Übereinstimmung

367 § 155 BGB ist nicht anwendbar, wenn sich die objektiven Erklärungen oder das subjektiv Gewollte in der Erklärung decken. Hier vergaßen die Parteien jedoch gerade eine Regelung zu treffen, sodass keine Einigung über diesen Punkt vorliegt.

---

12 *Schack*, Rn. 214.
13 *Busche*, in: MüKoBGB, § 154 Rn. 3.

c) Auslegungsregel

In dieser Konstellation enthält § 155 BGB eine Auslegungsregel. Grundsätzlich folgt aus dem Fehlen der Regelung, dass der Vertrag unwirksam sein soll.[14] Dennoch kann ein gültiger Vertrag vorliegen, wenn dieser auch ohne Einigung über den offenen Punkt geschlossen worden wäre. Dies ist anhand des hypothetischen Parteiwillens zu entscheiden. Je geringer das Gewicht des offenen Punkts ist, desto mehr spricht dies dafür, dass die Parteien die Geltung des Vertrages wollen würden.[15] Ein Vertragsschluss ist umso eher anzunehmen, je bedeutungsloser die Lücke ist.[16] Die Rahmengröße ist jedoch ein wesentlicher Punkt für den Kauf eines Rades. Ist sie fehlerhaft gewählt, kann sie zu Haltungsschäden führen. Insofern spricht hier alles für die Unwirksamkeit des Vertrags. **368**

5. Ergebnis

Der Vertrag zwischen A und B ist unwirksam. **369**

Vertiefungshinweise

Schack, § 10 **370**

Medicus/Petersen, Rn. 430 ff.

14 BGH, NJW 1992, 1501 (1502).

15 *Busche*, in: MüKoBGB, § 155 Rn. 14 f.

16 *Mansel*, in: Jauernig, § 155 Rn. 2.

Fall 11

Allgemeine Geschäftsbedingungen (AGB)

371 Unternehmer U betreibt in Wiesbaden mehrere private Parkplätze. V wollte im August 2020 einen Parkplatz in der Wiesbadener Innenstadt nutzen, um für die Familie einzukaufen.

Vor der Einfahrt des Parkplatzes findet sich gut sichtbar folgendes Schild:

> ***Privatparkplatz***
> *1. die Nutzung des Parkplatzes kostet 4 Euro pro angefangener Stunde.*
> ...
> *4. Wer ohne Ticket parkt oder die Parkdauer über eine Stunde überschreitet, zahlt ein erhöhtes Parkgeld in Höhe von 40 Euro.*

U hatte das Schild aufgestellt, um für seine Verträge einheitliche Bedingungen kenntlich zu machen.

V erblickte den gesamten Inhalt des Schilds und überschritt dennoch an dem Tag die von ihm bezahlte Parkdauer um fast 3 Stunden. Ihm war zwar bewusst, dass er sich gerade rechtlich binden würde, zahlen wollte er jedoch nicht.

Muss V 40 Euro zahlen?

Vorüberlegungen

Allgemeine Geschäftsbedingungen sind beliebter und gefürchteter Prüfungsstoff. Dabei handelt es sich im Unterschied zu einer Individualabrede um für eine Vielzahl von Verträgen vorformulierte Vertragsbedingungen, die eine Vertragspartei (der Verwender) der anderen Vertragspartei bei Abschluss eines Vertrages stellt. **372**

Bei der Auslegung der AGB ist zu beachten, dass diese sich nach dem objektiven Inhalt und typischen Sinn der in Rede stehenden Klausel einheitlich danach richtet, wie ihr Wortlaut von verständigen und redlichen Vertragspartnern unter Abwägung der Interessen der regelmäßig beteiligten Verkehrskreise verstanden wird.

Auch in diesem Fall kann die Fallfrage Unsicherheit verursachen. Diese Unsicherheit kann jedoch einfach überwunden werden, wenn der Bearbeiter strikt nach dem vorgeschlagen Vorgehen vorgeht. „Wer will was von wem voraus?“ – dadurch gelingt der Einstieg in die Klausur. U will die 40 Euro als erhöhtes Parkgeld aus dem möglicherweise geschlossenen Vertrag mit V.

Der Vertrag als solcher sollte keine Angst machen. Es handelt sich um die Anmietung eines Parkplatzes. Dass es sich um einen Mietvertrag i.S.v. § 535 BGB handelt, konnte man sich über die essentialia negotii erschließen. V nutzt einen Gegenstand über Zeit.

Gliederung

Anspruch aus § 535 Abs. 2 BGB **373**

- **I. Anspruch entstanden**
  - 1. Vertragsschluss
    - a) Vertragsschluss durch sozialtypisches Verhalten
    - b) Vertragsschluss nach §§ 145 ff. BGB
      - aa) Angebot durch U
        - (1) Willenserklärung
        - (2) Bestimmtheit
        - (3) Abgabe und Zugang
      - bb) Annahme des V
        - (1) Willenserklärung
        - (2) Bestimmtheit
        - (3) Abgabe und Zugang
    - c) Ergebnis
  - 2. Wirksamkeit nach den §§ 305 ff. BGB
    - a) Anwendungsbereich
      - aa) Vorliegen Allgemeiner Geschäftsbedingungen
        - (1) Vertragsbedingung
        - (2) Vorformulierung
        - (3) Vielzahl
        - (4) Stellen
        - (5) Zwischenergebnis

bb) Keine Bereichsausnahme
cc) Zwischenergebnis
b) Einbeziehung
c) Auslegung
d) Inhaltskontrolle
aa) Eröffnung der Inhaltskontrolle
bb) Transparenzkontrolle
cc) Klauselkontrolle ohne Wertungsmöglichkeit (§ 309 BGB)
(1) Kurzfristige Preiserhöhung
(2) Pauschalierung von Schadensersatzansprüchen
(3) Vertragsstrafe
(4) Zwischenergebnis
dd) Klauselkontrolle mit Wirkungsmöglichkeit (§ 308 BGB)
ee) Kardinalpflichten (§ 307 Abs. 2 Nr. 2 BGB)
ff) Gesetzliche Vorstellung (§ 307 Abs. 2 Nr. 1 BGB)
gg) Angemessenheit nach § 307 Abs. 1 S. 1 BGB
e) Zwischenergebnis
3. Zwischenergebnis

II. Ergebnis

Musterlösung

Anspruch aus § 535 Abs. 2 BGB

U könnte einen Anspruch auf Zahlung der 40 Euro gemäß Nr. 4 des zwischen U und V geschlossenen Vertrags haben. **374**

I. Anspruch entstanden

Das setzt voraus, dass U und V diesbezüglichen einen Vertrag geschlossen haben. **375**

1. Vertragsschluss

a) Vertragsschluss durch sozialtypisches Verhalten

Zunächst kommt ein Vertragsschluss gemäß der Lehre vom sozialtypischen Verhalten in Betracht. Nach dieser Lehre sollten im modernen Massenverkehr Schuldverhältnisse vorkommen, deren Grundlage nicht eine rechtsgeschäftliche Einigung der Beteiligten ist, sondern die durch das tatsächliche Angebot einer Leistung und deren rein tatsächliche Inanspruchnahme entstanden sind. Solches Verhalten habe die gleiche Rechtsfolge wie ein rechtsgeschäftliches Handeln[1] Diese Lehre wurde bereits vor Schaffung des § 311 Abs. 1 BGB abgelehnt und ist mit dem Grundsatz der Vertragsfreiheit nicht vereinbar. Vielmehr hat sich durchgesetzt, diese Fälle nach §§ 133, 157, 242 BGB auf eine Willenserklärung durch schlüssiges Tun hin zu untersuchen.[2] **376**

b) Vertragsschluss nach §§ 145 ff. BGB

Das Zustandekommen eines Vertragssetzt vielmehr zwei übereinstimmende Willenserklärungen voraus, hier: Antrag und Annahme (§§ 145 ff. BGB).[3] **377**

aa) Angebot durch U

Das Aufstellen des Schildes könnte ein Angebot darstellen. Ein Angebot ist eine empfangsbedürftige Willenserklärung, die alle vertragswesentlichen Bestandteile enthält und durch die der Vertragsschluss einem anderen so angetragen wird, dass das Zustandekommen des Vertrages nur noch von dem Einverständnis des Empfängers abhängt.[4] **378**

(1) Willenserklärung

Zunächst müsste das Aufstellen des Schildes eine Willenserklärung darstellen. Der Inhalt des Schildes lässt gemäß §§ 133, 157, 242 BGB eindeutig auf einen Rechtsbindungswillen schließen. Da U das Schild rechtsgeschäftlich nutzen wollte liegen auch Handlungswille sowie das Erklärungsbewusstsein und der Geschäftswille vor. **379**

---

1 BGH, NJW 1956, 1475.
2 *Busche*, in: MüKoBGB, § 147 Rn. 5.
3 BGH, NJW 2017, 468 (469); *Schack*, Rn. 177.
4 *Schack*, Rn. 180; *Flume*, BGB AT II § 35 I 1 (635).

(2) Bestimmtheit

380 Bei dem Vertrag zwischen U und V handelt es sich um einen Mietvertrag i.S.v. § 535 BGB. Die Mietsache war mit einem Teil des Parkplatzes klar umrissen. Die Kosten wurden durch das Schild ebenfalls deutlich. Dass die Vertragsparteien hingegen noch nicht feststanden als das Schild aufgestellt wurde, ist unschädlich. Es genügt, wenn ein Angebot zunächst an eine unbestimmte Vielzahl gerichtet ist und der andere Teil erst durch die Annahme bestimmt wird (ad incertas personas).[5]

(3) Abgabe und Zugang

381 Weiterhin müsste U das Angebot abgegeben haben und V das Angebot zugegangen sein. Die Abgabe erfolgt durch das Aufstellen des Schildes. Jedoch ist fraglich, wie der Zugang zu bewerten ist. Vorliegend handelt es sich um eine verkörperte Willenserklärung unter Anwesenden. Für diesen Fall folgt die allgemeine Meinung der Empfangstheorie i.S.v. § 130 BGB. Entscheidend soll sein, dass die Erklärung in den Machtbereich des Empfängers geraten ist, so dass diese von ihr Kenntnis nehmen konnte.[6] Bei einem Schild erscheint dies problematisch. Denn das Schild an sich kann nicht in den Machtbereich des Empfängers geraten, nur die durch das Schild verkörperte Information. Ein bloßes Kennenkönnen ist indes nur ein Element des Zugangs. Dieses Ergebnis könnte man korrigieren, indem man das Gelangen in den Machtbereich gerade auf die Möglichkeit der Kenntnisnahme entwirft. Dann genügte die Möglichkeit der Kenntnisnahme. Da hier V Kenntnis hatte, muss eine Abgrenzung zwischen Empfangs- und Vernehmungstheorie nicht durchgeführt werden. Der Inhalt des Schildes ging V zu.

bb) Annahme des V

382 Weiterhin müsste V dieses Angebot angenommen haben.

(1) Willenserklärung

383 Das Befahren des Parkplatzes kann nach §§ 133, 157, 242 BGB nur so verstanden werden, dass V einen Rechtsbindungswillen hinsichtlich des Vertrags hatte. Da er willentlich handelte und zudem Erklärungsbewusstsein und einen Willen hinsichtlich des konkreten Geschäfts hatte, liegt eine Willenserklärung durch konkludentes Verhalten vor.

(2) Bestimmtheit

384 Die Erklärung stellt eine offensichtliche Zustimmung zu den oben beschriebenen Vertragsbestandteilen dar.

(3) Abgabe und Zugang

385 Weiterhin müsste diese Erklärung auch zugegangen sein. Jedoch war U nicht anwesend. § 151 BGB erklärt den Zugang der Annahmeerklärung für entbehrlich, wenn eine solche Erklärung nach der Verkehrssitte nicht zu erwarten ist oder der Antragende auf sie verzichtet hat. Das Befahren des Parkplatzes stellt die Annahmeerklärung dar. Es würde für

---

5 BGH, NJW 1997, 136 (136 f.).
6 BGH, NJW 2014, 1010 (1011).

den Betreiber eines Parkplatzes einen erheblichen Verwaltungsaufwand begründen, müsste dieser stets anwesend sein. Insofern ist für alle ersichtlich, dass bei Fehlen von Personal der Antragende hier auf den Zugang verzichtet.

c) Ergebnis

U und V haben einen wirksamen Vertrag geschlossen. **386**

2. Wirksamkeit nach den §§ 305 ff. BGB

Weiterhin müsste Nr. 4 des Vertrags auch der sog. Klauselkontrolle gemäß §§ 305 ff. **387**
BGB standhalten.

a) Anwendungsbereich

Zunächst müsste gemäß §§ 305 Abs. 1, 310 Abs. 4 S. 1 BGB der Anwendungsbereich **388**
eröffnet sein.[7]

aa) Vorliegen Allgemeiner Geschäftsbedingungen

Zunächst müssten AGB vorliegen. AGB sind vorformulierte Vertragsbedingungen, die **389**
eine Vertragspartei (Verwender) der anderen Vertragspartei bei Abschluss eines Vertrags stellt.

(1) Vertragsbedingung

Eine Vertragsbedingung liegt vor, wenn die Erklärung nach ihrem objektiven Wortlaut **390**
bei den Empfängern den Eindruck hervorruft, es solle damit der Inhalt eines vertraglichen[8] oder vorvertraglichen Rechtsverhältnisses bestimmt werden.[9] Angesichts der Angebotsqualität des Schildes besteht hieran kein Zweifel.

(2) Vorformulierung

Vorformuliert ist eine Vertragsbedingung, wenn sie für eine mehrfache Verwendung auf- **391**
gezeichnet oder in sonstiger Weise fixiert ist.[10] Das gilt für das Schild ebenfalls unzweifelhaft.

(3) Vielzahl

Wann eine solche Erklärung für eine Vielzahl von Verträgen vorformuliert ist, war lange **392**
Zeit umstritten. Heute herrscht weitgehend Einigkeit, dass das dreimalige Verwenden ausreichen soll.[11] Entscheidend ist dabei nicht die tatsächliche Verwendung. Es reicht bereits die Absicht der wiederholten Verwendung desjenigen, der die Klausel formuliert,

---

7 *Schack*, Rn. 346 ff.
8 BGH, NJW 2000, 2988 (2989).
9 Vgl. BGH, NJW 1987, 2867 (2867).
10 BGH, NJW 1998, 2600 (2600).
11 BGH, NJW 2002, 139.

aus. Die Frage muss hier aber nicht entschieden werden. Das Schild richtete sich an eine unbestimmte Vielzahl von möglichen Kunden und war damit für eine Vielzahl von Verträgen bestimmt.

(4) Stellen

393 Weiterhin müsste die Vertragsbedingung bei Vertragsschluss gestellt worden sein. Das Stellen ist erfüllt, wenn die Formularbestimmungen auf Initiative einer Partei oder ihres Abschlussgehilfen in die Verhandlungen eingebracht und ihre Verwendung zum Vertragsschluss verlangt werden. Hingegen liegt kein Stellen vor, wenn die Einbeziehung sich als Ergebnis einer freien Entscheidung desjenigen darstellt, der mit dem Verwendungsvorschlag konfrontiert wird.[12] Das Schild wurde auf Initiative des U aufgestellt. V hatte keine Möglichkeit, über die Geltung zu entscheiden. Mithin wurde das Schild gestellt i.S.v. § 305 Abs. 1 S. 1 BGB.

(5) Zwischenergebnis

394 Somit handelt es sich um eine Allgemeine Geschäftsbedingung.

bb) Keine Bereichsausnahme

395 Eine Bereichsausnahme nach § 310 Abs. 4 S. 1 BGB ist nicht gegeben. Somit ist die AGB-Kontrolle eröffnet.

cc) Zwischenergebnis

396 Der Anwendungsbereich der §§ 305 ff. BGB ist folglich eröffnet.

b) Einbeziehung

397 Zunächst müsste die AGB gemäß § 305 Abs. 2 BGB wirksam einbezogen worden sein. Die Norm statuiert drei Voraussetzungen: einen Hinweis auf die AGB, die Möglichkeit der Kenntnisnahme und die Zustimmung des Vertragspartners.

Laut Sachverhalt enthielt der Mietvertrag einen Hinweis auf die AGB. Ferner waren die Vertragsbedingungen beigefügt, so dass M von ihrem Inhalt Kenntnis nehmen konnte. Schließlich lässt sich aus dem Parken auf dem Parkplatz gemäß §§ 133, 157, 242 BGB für einen objektiven Empfänger folgern, dass M den AGB zugestimmt hat.

c) Auslegung

398 Von der Einbeziehung der Klausel ausgehend, stellt sich die Frage, mit welchem Inhalt die Klausel Vertragsgegenstand geworden ist.[13] Zunächst könnte man erwägen, das erhöhte Entgelt als eine Art erhöhte Hauptpflicht anzusehen. Das wird dem System der Klausel nicht gerecht, vielmehr reagiert die Klausel auf eine vertragliche Pflichtverletzung bei der Durchführung und ist daher als Vertragsstrafe einzuordnen.

---

12 Vgl. *Basedow*, in: MüKoBGB, § 305 Rn. 21.
13 *Schack*, Rn. 151 ff.

d) Inhaltskontrolle

Nun könnte die AGB nach § 307 Abs. 1 BGB unwirksam sein.[14] **399**

aa) Eröffnung der Inhaltskontrolle

Nach § 307 Abs. 3 BGB findet keine Inhaltskontrolle bei sog. deklaratorischen Klauseln **400**
und Bestimmungen über Hauptleistungen statt. Zwar kann eine Vertragsstrafe im Zusammenhang mit Hauptleistungspflichten stehen. Wie sich aus § 309 Nr. 6 BGB ergibt, kann aber von der Kontrollfähigkeit einer Vertragsstrafe ausgegangen werden.

bb) Transparenzkontrolle

Zunächst könnten Zweifel an der Bestimmtheit der Klausel bestehen. § 307 Abs. 1 S. 2 **401**
BGB verlangt, dass die AGB klar und verständlich ist. Insbesondere erfordert die Regelung, dass der Nutzer weiß, was auf ihn zukommt. Es dürfen keine ungerechtfertigten Beurteilungsspielräume entstehen.[15]

Es stellt sich davor die Frage, ob das erhöhte Parkgeld pro Stunde zu zahlen ist oder einmal. Dann wäre das Parkgeld bei 10 Stunden Parkdauer nicht mehr erhöht. Gleichwohl handelt es sich hierbei nur um lösbares Auslegungsproblem. Typischerweise kann die Klausel so verstanden werden müssen, dass die 40 Euro nur einmal fällig werden.

cc) Klauselkontrolle ohne Wertungsmöglichkeit (§ 309 BGB)

Weiterhin könnte die Bestimmung nach § 309 BGB unangemessen sein. **402**

(1) Kurzfristige Preiserhöhung

Bei den Klauselverboten ohne Wertungsmöglichkeit könnte § 309 Nr. 1 BGB gegen die **403**
Klausel sprechen. Im systematischen Vergleich folgt aus § 309 Nr. 6 BGB, dass eine Vertragsstrafe keine solche Regelung darstellen kann.

(2) Pauschalierung von Schadensersatzansprüchen

Die Auslegung hat weiterhin ergeben, dass eine Vertragsstrafenregelung vorliegt, eine **404**
Pauschalierung von Schadensersatzansprüche i.S.v. § 309 Nr. 5 BGB wurde demnach nicht vertraglich vereinbart.

(3) Vertragsstrafe

Weiterhin könnte § 309 Nr. 6 BGB gegen die Klausel sprechen. Allerdings verbietet die **405**
Norm nur Bestimmungen, durch die dem Verwender für den Fall der Nichtabnahme oder verspäteten Abnahme der Leistung, des Zahlungsverzugs oder für den Fall, dass der andere Vertragsteil sich vom Vertrag löst, Zahlung einer Vertragsstrafe versprochen wird. Keine dieser Varianten ist hier tangiert.

---

14 Vgl. *Schack*, Rn. 355 ff.

15 Vgl. auch *Stadler*, in: Jauernig, § 307 Rn. 6 ff.

(4) Zwischenergebnis

406 § 309 BGB spricht nicht für die Unwirksamkeit der Klausel.

dd) Klauselkontrolle mit Wirkungsmöglichkeit (§ 308 BGB)

407 Klauselverbote mit Wertungsmöglichkeiten, die vorliegend Relevanz entfalten könnten, sind nicht ersichtlich.

ee) Kardinalpflichten (§ 307 Abs. 2 Nr. 2 BGB)

408 § 307 Abs. 2 Nr. 2 BGB ist nicht einschlägig. Die Regelung soll die Zahlungspflicht des Mieters schützen, somit läuft sie nicht diametral zum Mietvertrag.

ff) Gesetzliche Vorstellung (§ 307 Abs. 2 Nr. 1 BGB)

409 Ebenso führt § 307 Abs. 2 Nr. 1 BGB nicht zur Unwirksamkeit. Der Mietvertrag verbürgt für Vertragsstrafen keine allgemeine elementare Gerechtigkeitsvorstellung.

gg) Angemessenheit nach § 307 Abs. 1 S. 1 BGB

410 Somit stellt sich abschließend die Frage, ob die Klausel per se angemessen ist. Eine unangemessene, gegen Treu und Glauben verstoßende Benachteiligung des Schuldners einer Vertragsstrafe kann sich aus einer unangemessenen Höhe der Vertragsstrafe ergeben. Dies ist insbesondere der Fall, wenn die Sanktion außer Verhältnis zum Gewicht des Vertragsverstoßes und den Folgen für den Schuldner der Vertragsstrafe steht. Dabei ist zu berücksichtigen, dass die Vertragsstrafe einerseits den Schuldner als Druckmittel zur ordnungsgemäßen Erbringung der versprochenen Leistung anhalten und andererseits dem Gläubiger im Verletzungsfall die Möglichkeit einer erleichterten Schadloshaltung eröffnen soll.[16]

Nach diesen Maßgaben liegt hier keine unangemessene Benachteiligung vor. Das Verlangen von 40 Euro stellt ein geeignetes und angemessenes Druckmittel dar, um Fahrzeugführer von widerrechtlichem Parken abzuhalten. Sie steht auch nicht außer Verhältnis zu den sanktionierten Parkverstößen und belastet den Nutzer nicht über Gebühr. Die Klausel ist mithin angemessen.

e) Zwischenergebnis

411 Die Klausel hält der Klauselkontrolle nach §§ 305 ff. BGB stand.

3. Zwischenergebnis

412 Die §§ 305 ff. BGB stehen der Wirksamkeit des Vertrages nicht im Weg.

16 BGH, NJW 2020, 755 (756).

II. Ergebnis

U hat einen Anspruch auf Zahlung von 40 Euro aus § 535 Abs. 2 BGB. **413**

Vertiefungshinweise

Schack, § 14 **414**
Medicus/Petersen, Rn. 398 ff.
Lorenz, JuS 2013, 199

Fall 12

Willensmängel und der Anspruch aus § 122 BGB

415 A erstellte 2020 auf einem Internetportal eine Anzeige zum Verkauf eines Fahrzeugs der amerikanischen Automarke Nessler. Als Kaufpreis gab er einen festen Betrag von 22.500 € an, was dem tatsächlichen Verkehrswert des Fahrzeugs entsprach. In der Artikelbeschreibung hieß es unter anderem:

„Ich bitte höflichst von Preisvorschlägen, Ratenzahlungen, Tauschen gegen Teppiche, Schwiegermütter oder ähnlichem abzusehen. Der Wagen ist sein Geld echt wert, daher wird er nicht verschenkt und wenn er Euch zu teuer erscheint, dann bitte auch nicht anrufen und Euch einen in Eurer Preisklasse suchen."

Nach den AGB des Internetportals stellt das Schalten einer Annonce ein Angebot i.S.d. §§ 145 ff. BGB dar. Auf die Annonce meldete sich B. Am 12.8.2020 kam es zu Kaufvertragsverhandlungen zwischen A und B. In einem Telefongespräch bot B dem A einen gebrauchten Wagen zum Tausch an. Dies lehnte der A ab. Die Parteien gingen wegen deutlich unterschiedlicher Preisvorstellungen ohne Ergebnis aus den Verhandlungen.

Noch am gleichen Tag versandte der A aus Wut über die Verhandlungsführung des B eine SMS an B, in der es hieß:

„Also für 15 kannste ihn haben."

Ernst meinte A den Inhalt nicht. B nahm die Erklärung indes ernst und antwortete:

„Guten Tag für 15 € nehme ich ihn. Wohin kann ich das Geld überweisen? Wo kann ich das Auto abholen? …"

A wiederum antwortete:

„Kannst Kohle überweisen, Wagen bringe ich dann."

B forderte A in der Folge auf, seine Kontodaten mitzuteilen. A antwortete nicht mehr auf die Nachrichten. Im Vertrauen auf den seiner Meinung nach wirksamen Vertrag mandatierte B einen Anwalt, der den Wagen „einklagen" sollte. A könne sich nicht auf einen „guten Scherz" berufen, wenn der Mangel der Ernsthaftigkeit überhaupt nicht aus der Erklärung hervortrete.

Frage 1: Kann B die Lieferung des Wagens verlangen?

Frage 2: Kann B seine Anwaltskosten erstattet verlangen?

Vorüberlegungen

Die durchaus unterhaltsamen Konversationen auf Internetplattformen können spannende rechtliche Fragen aufwerfen. Dass Erklärungen abgegeben werden, die so nicht ernst gemeint sind, ist dabei gewissermaßen „Gang und Gebe“. Maßgebliche Norm im BGB ist dafür § 118 BGB. **416**

Wenn eine Willenserklärung nur spaßeshalber abgegeben wird, muss der Erklärende in der Rechtsfolge damit rechnen, dass er gem. § 122 Abs. 1 BGB für den Schaden einstehen muss, den der Erklärungsempfänger dadurch erleidet, dass er auf die Erklärung vertraut. Allerdings sind auch dem Grenzen gesetzt, indem die Ersatzpflicht gem. § 122 Abs. 2 BGB ausscheidet, soweit der Mangel an Ernstlichkeit hätte erkannt werden können.

Wenn es um die Haftung für potentielle Pflichtverletzungen im Rahmen von Vertragsverhandlungen geht, ist noch an die culpa in contrahendo nach §§ 311 Abs. 2, 280, 241 Abs. 2, 249 BGB zu denken.

Gliederung

A. Lieferung des Wagens (Frage 1) **417**
- **I. Anspruch entstanden**
  - 1. Angebot durch A durch Schalten der Annonce
    - a) Vorliegen einer Willenserklärung
      - aa) Objektiver Tatbestand
      - bb) Subjektiver Tatbestand
    - b) Bestimmtheit
    - c) Abgabe und Zugang
    - d) Zwischenergebnis
  - 2. Annahme des B
  - 3. Neues Angebot durch A
  - 4. Annahme des B
  - 5. Zwischenergebnis
- **II. Ergebnis**

B. Schadensersatz (Frage 2)
- **I. Anspruch aus § 122 Abs. 1 BGB**
  - 1. Unwirksamkeit nach § 118 BGB
  - 2. Kenntnis/Kennenmüssen
  - 3. Ergebnis
- **II. Anspruch aus §§ 280 Abs. 1, 311 Abs. 2, 249 BGB**
  - 1. Anwendbarkeit
  - 2. Pflichtverletzung
  - 3. Ergebnis

Musterlösung

A. Lieferung des Wagens (Frage 1)

418 B könnte einen Anspruch auf Lieferung des Wagens nach § 433 Abs. 1 S. 1 BGB haben.

I. Anspruch entstanden

419 Dazu müssten A und B einen Kaufvertrag geschlossen haben. Ein Vertrag setzt zwei übereinstimmende Willenserklärungen voraus, die in Beziehung aufeinander abgegeben wurden, Angebot und Annahme i.S.v. §§ 145 ff. BGB.[1]

1. Angebot durch A durch Schalten der Annonce

420 Durch das Schalten der Annonce könnte A ein Angebot abgegeben haben. Ein Angebot ist eine empfangsbedürftige Willenserklärung, die alle vertragswesentlichen Bestandteile enthält und durch die der Vertragsschluss einem anderen so angetragen wird, dass das Zustandekommen des Vertrages nur noch von dem Einverständnis des Empfängers abhängt.[2]

a) Vorliegen einer Willenserklärung

421 Eine Willenserklärung ist eine private Willensäußerung, die auf die Erzeugung einer Rechtsfolge gerichtet ist.[3] Sie setzt sich aus einem objektiven und einem subjektiven Tatbestand zusammen.

aa) Objektiver Tatbestand

422 Der objektive Tatbestand setzt einen Erklärungstatbestand voraus, der bei objektiver Betrachtung als Ausdruck eines Rechtsbindungswillens verstanden werden kann.[4] Hieran könnte man zweifeln. Die Annonce könnte auch nur eine Aufforderung zur Abgabe eines Angebots darstellen (invitatio ad offerendum).[5] Im Lichte der §§ 133, 157, 242 BGB enthält das Schalten der Annonce jedoch einen Rechtsbindungswillen. Nur auf diese Weise kann den AGB des Internetportals nach objektiver Perspektive Rechnung getragen werden. Diese Stellen eine Auslegungshilfe für die Willenserklärungen auf der Internetplattform dar. Ein Rechtsbindungswille ist mithin objektiv erkennbar.

bb) Subjektiver Tatbestand

423 Weiterhin müsste B bei der Erstellung des Erklärungstatbestands mit Handlungswille, Erklärungsbewusstsein und Geschäftswille gehandelt haben.[6] Der Handlungswille liegt unproblematisch vor. Das Erklärungsbewusstsein ist im Lichte der AGB des Internetportals ebenfalls anzunehmen. Der Geschäftswille schlägt sich zudem in den Vertragsdetails nieder.

---

1 BGH, NJW 2017, 468 (469); *Schack*, Rn. 177.
2 *Schack*, Rn. 180; *Flume*, BGB AT II § 35 I 1 (635).
3 BGH, NJW 2001, 289 (290).
4 BGH, VersR 2021, 798 (800).
5 *Schack*, Rn. 181.
6 *Schack*, Rn. 203 ff.

b) Bestimmtheit

Die essentialia negotii setzen den Mindestinhalt der Willenserklärung hinsichtlich des Kaufpreises, der Kaufsache und den Kaufparteien voraus. Angesichts des nach außen hin, in der Zustimmungserklärung verkörperten Willens den Wagen für 22.500 € zu verkaufen, bestehen an der Bestimmtheit der Willenserklärung keine Zweifel. Das Angebot richtet sich zwar an einen unbestimmten Personenkreis (ad incertas personas).[7] Das ist allerdings unschädlich, wenn die andere Partei des Kaufvertrags bei Vertragsschluss feststeht. **424**

c) Abgabe und Zugang

Weiterhin müsste die Willenserklärung des A nach § 130 Abs. 1 S. 1 BGB wirksam abgegeben worden und zugegangen sein. A schaltete die Annonce bewusst und überführte sie daher in den Rechtsverkehr.[8] Eine Abgabe liegt somit vor. Bei Internetportalen ist mittlerweile anerkannt, dass diese als Empfangsvertreter i.S.v. § 164 Abs. 3 BGB der Nutzer fungieren. Als A die Annonce eingestellt hat, ist sein Angebot somit allen potenziellen Vertragspartnern zugegangen. **425**

d) Zwischenergebnis

Ein wirksames Angebot seitens A liegt somit vor. **426**

2. Annahme des B

Ausweislich des Sachverhalts kam es zu keiner Annahme des B. Vielmehr verliefen die Verhandlungen erfolglos. **427**

3. Neues Angebot durch A

Es stellt sich jedoch die Frage, ob A in seiner SMS *„Also für 15 kannste ihn haben"* dem B ein neues Angebot gemacht hat. Zwar ist der Antragende nach § 145 BGB an sein Angebot gebunden. Das hindert ihn aber nicht, ein anderes Angebot zu machen, welches der Vertragspartner annehmen kann. **428**

Ungeachtet der Frage, ob überhaupt eine wirksame Willenserklärung vorliegt, könnte die Erklärung des A nach § 118 BGB unwirksam sein. Nach dieser Norm ist eine nicht ernstlich gemeinte Willenserklärung nichtig, die in der Erwartung abgegeben wird, der Mangel der Ernstlichkeit werde nicht verkannt werden.

A gab die Erklärung aus Wut über die Verhandlungsführung ab und meinte den abgebildeten Inhalt des Vertrags nicht ernst. Der Wortlaut des § 118 BGB ist somit grundsätzlich erfüllt.

Prinzipiell könnte man gegen dieses Ergebnis einwenden, dass § 118 BGB nur solche Fälle erfassen darf, in denen der Mangel der Ernstlichkeit erkannt wurde oder zumindest erkennbar war. Das widerspricht jedoch dem System aus § 118 und § 122 BGB. Nach § 122 Abs. 2 BGB ist der Anspruch nach § 122 Abs. 1 BGB ausgeschlossen, wenn der **429**

7 BGH, NJW 1997, 136 (136 f.); *Schack*, Rn. 181.
8 BGH, NJW-RR 2003, 384 (384).

Erklärungsempfänger den Grund der Nichtigkeit kannte oder kennen musste. Würde § 118 BGB nur den Fall betreffen, dass der Erklärungsempfänger die mangelnde Ernstlichkeit hätte kennen müssen, so liefe die in § 122 Abs. 1 BGB ausdrücklich auch für die Fälle des § 118 BGB angeordnete Schadensersatzpflicht leer.

430 Es ließe sich allerdings erwägen nach § 118 BGB zu verlangen, dass der Mangel des Willens der Ernstlichkeit allein aus der Erklärung heraus erkennbar sein muss und nicht aus den Umständen. Im Rahmen einer elektronischen Erklärung könnte ein Mangel der Ernstlichkeit etwa durch entsprechende „Icons" verdeutlicht werden. Eine solche Annahme findet aber im Wortlaut des Gesetzes keine Stütze und entspricht auch nicht den Grundlehren der Interpretation nach §§ 133, 157, 242 BGB. Bezugspunkt sind vielmehr alle Umstände, die für einen objektiven Empfänger der Erklärung erkennbar war. Angesicht des Textes der Annonce, in der der A deutlich zu verstehen gegeben hat, dass er an seinen Preisvorstellungen festhalten will, lässt sich in objektiver Hinsicht nur folgern, dass er den Wagen nicht für 15 Euro verkaufen wollte.

Im Ergebnis ist die Erklärung des A kein wirksames Angebot.

4. Annahme des B

431 Es stellt sich daher die Frage, wie die anschließende Erklärung des B einzuordnen ist. Eine Annahme eines unwirksamen Angebots geht ins Leere. Es fehlt an zwei übereinstimmenden Willenserklärungen. Dass B das alte Angebot des A annehmen wollte, lässt sich der Erklärung nach §§ 133, 157, 242 BGB offensichtlich nicht sehen.

5. Zwischenergebnis

432 Es wurde kein wirksamer Vertrag geschlossen.

II. Ergebnis

433 B hat keinen Anspruch gemäß § 433 Abs. 1 S. 1 BGB.

B. Schadensersatz (Frage 2)

I. Anspruch aus § 122 Abs. 1 BGB

434 Ein Anspruch auf Erstattung der Rechtsanwaltskosten könnte sich aus § 122 Abs. 1 BGB ergeben.

1. Unwirksamkeit nach § 118 BGB

435 Die Willenserklärung ist gemäß § 118 BGB unwirksam (s.o.).

2. Kenntnis/Kennenmüssen

436 Nach § 122 Abs. 2 BGB ist die Schadensersatzpflicht ausgeschlossen, wenn der Beschädigte den Grund der Nichtigkeit oder der Anfechtbarkeit kannte oder infolge von Fahrlässigkeit nicht kannte (kennen musste).

Laut Sachverhalt erkannte B die fehlende Ernstlichkeit nicht. Jedoch könnte ihm Fahrlässigkeit vorzuwerfen sein. Es liegt fern, dass ein Wagen mit einem derart hohen Verkehrswert für 15 Euro an einen unbekannten Käufer über das Internet verkauft werden soll. Für einen derartigen Sinneswandel gibt der Sachverhalt auch nichts vor. Dies liegt insbesondere angesichts der gescheiterten Verhandlung und des Textes der Annonce nahe. Angesichts des Sachverhalts durfte B nicht annehmen, dass die Erklärung des A ernst gemeint war. Er handelte mithin fahrlässig.

3. Ergebnis

Mithin ist der Anspruch nach § 122 BGB nicht gegeben. **437**

II. Anspruch aus §§ 280 Abs. 1, 311 Abs. 2, 249 BGB

Ein Anspruch könnte jedoch unter dem Gesichtspunkt eines Verschuldens bei Vertragsverhandlungen in Betracht kommen. **438**

1. Anwendbarkeit

Es stellt sich jedoch die Frage, ob die §§ 280, 311 Abs. 2, 249 BGB neben § 122 BGB anwendbar sind. Die Anwendung der culpa in contrahendo neben § 122 BGB könnte dazu führen, dass die speziellen Voraussetzungen des § 122 BGB unterlaufen werden könnten. Jedoch ist § 122 BGB eine wesentlich schärfere Haftungsnorm und §§ 280, 311, 249 BGB eine Generalklausel. Bedenken gegen die Anwendung dringen nicht durch. Der Wertung aus § 122 Abs. 2 BGB kann über das Mitverschulden Rechnung getragen werden. die §§ 280, 311 Abs. 2, 249 BGB finden neben § 122 BGB Anwendung.[9] **439**

2. Pflichtverletzung

Es ist jedoch bereits nicht ersichtlich, welche Pflicht verletzt worden sein sollte. **440**

3. Ergebnis

Ein Anspruch aus §§ 280 Abs. 1, 311 Abs. 2, 249 BGB scheidet mithin ebenfalls aus. **441**

Vertiefungshinweis

Schack, § 10 **442**

9 *Mansel*, in: Jauernig, § 122 Rn. 5.

Fall 13

Anfechtung nach § 119 BGB

443 K war immer schon begeisterter Pferdefan. Am 10.12.2020 machte er sich deshalb auf den Weg zu seinem Bekannten V, der Eigentümer mehrerer Pferde war. Die Vertragsverhandlungen verliefen erfolgreich und man wurde sich rasch einig, über den Kauf (zu einem Kaufpreis von 20.000 Euro) und die Übereignung des Pferdes „Herzog". Das Pferd wurde K sogleich als Eigentum übergeben. K ging allerdings beim Kauf des Pferdes davon aus, dass „Herzog" aus einer Linienzucht stammt. Dass es sich um eine Linienzucht handeln sollte, war im Kaufvertrag nicht vermerkt.

Als nunmehr herauskommt, dass Herzog keiner Linienzucht entspringt, verweigert K die Zahlung des Kaufpreises. Die Linienzucht war für ihn ausschlaggebend.

Kann V die Zahlung der 20.000 Euro verlangen?

Abwandlung 1

Wie im Ausgangsfall. Diesmal ist offensichtlich und ausdrücklich im Kaufvertrag vermerkt, dass es sich nicht um eine Linienzucht handelt. K unterschreibt den Vertrag jedoch ohne ihn vorher zu lesen. Er geht davon aus, dass Herzog einer Linienzucht entspringt.

Ist K zur Anfechtung berechtigt?

Abwandlung 2

Wie im Ausgangsfall. Diesmal kauft K drei Pferde für je 15.000 Euro. Das Vertragsangebot durch V war wie folgt formuliert:

§ 2 Kaufpreis

(1) Der Kaufpreis ist in Euro zu entrichten.

(2) Der Kaufpreis für die drei Pferde beträgt 15.000 Euro je Pferd. Also insgesamt 40.000 Euro.

K stimmte dem Angebot zu. Als V die Zahlung von 45.000 Euro verlangt, verweigert K unter Verweis auf § 3 des Kaufvertrags die Zahlung. V meint, er habe sich offensichtlich verschrieben.

Kann V die Zahlung von 45.000 Euro von K verlangen?

Vorüberlegung

Für die Existenz einer Willenserklärung ist das Fehlen des Geschäftswillens nicht schädlich (vgl. § 116 BGB). Das gleiche gilt auch im Grundsatz für inhaltliche Abweichungen des objektiven Tatbestands vom Geschäftswillen. Wenn der erklärte Wille und der Geschäftswille nicht übereinstimmen, kann liegt vielmehr ein Irrtum vor. Das BGB reagiert auf Irrtümer nach § 119 BGB nicht mit der Unwirksamkeit, sondern mit einem Anfechtungsrecht, wenn im Einzelfall die Voraussetzungen der Norm erfüllt sind. Dem Irrenden steht es dann frei, die Willenserklärung zu beseitigen (§ 142 BGB). Tut er dies, muss er aber auch den sog. Vertrauensschaden ersetzen, d.h. die Vermögenseinbußen, die der andere Teil erleidet, weil er auf die Erklärung vertraut hat. **444**

Irrtümer in der Willensbildung (sog. Motivirrtümer) sind grundsätzlich unbeachtlich und berechtigen nicht zur Anfechtung. Das ergibt sich aus § 119 Abs. 1 und Abs. 2 BGB. Inhalts- und Erklärungsirrtümer sind keine Motivirrtümer. § 119 Abs. 2 BGB normiert mit dem Eigenschaftsirrtum lediglich einen spezifischen Motivirrtum. Im Umkehrschluss ergibt sich, dass alle sonstigen Irrtümer in der Willensbildung prinzipiell unbeachtlich sind.

Im Verlauf des Studiums spielen Fälle, in denen Verträge über Tiere geschlossen werden, wegen ihrer praktischen Bedeutung mitunter eine wichtige Rolle. Die Tiere sind dabei nach § 90a S. 1 BGB keine Sachen. Allerdings finden die Vorschriften entsprechende Anwendung (§ 90a S. 2 BGB).

Gliederung

445 **A. Ausgangsfall**

Anspruch aus § 433 Abs. 2 BGB

1. Anspruch entstanden
2. Anspruch untergegangen
   a) Anfechtungsgrund
      aa) Eigenschaft
      bb) Verkehrswesentlichkeit
      cc) Kausalität
      dd) Zwischenergebnis
   b) Anfechtungserklärung
   c) Anfechtungsfrist gem. § 121 Abs. 1 BGB
   d) Zwischenergebnis
3. Ergebnis

B. Abwandlung 1

I. Anspruch aus § 433 Abs. 2 BGB

1. Anspruch entstanden
2. Anspruch untergegangen
   a) Anfechtungsgrund
      aa) Inhaltsirrtum
      bb) Kausalität
      cc) Zwischenergebnis
   b) Anfechtungserklärung
   c) Anfechtungsfrist gem. § 121 Abs. 1 BGB
   d) Zwischenergebnis

II. Ergebnis

C. Abwandlung 2

I. Anspruch aus § 433 Abs. 2 BGB

1. Anspruch entstanden
   a) Angebot durch V
      aa) Vorliegen einer Willenserklärung
         (1) Objektiver Tatbestand
         (2) Subjektiver Tatbestand
      bb) Zwischenergebnis
      cc) Bestimmtheit
      dd) Abgabe und Zugang
   b) Annahmeerklärung von K
2. Zwischenergebnis

II. Ergebnis

Musterlösung

A. Ausgangsfall

Anspruch aus § 433 Abs. 2 BGB

V könnte gegen K einen Anspruch aus § 433 Abs. 2 BGB auf Zahlung des Kaufpreises haben. **446**

1. Anspruch entstanden

V und K müssten einen wirksamen Kaufvertrag gem. § 433 BGB geschlossen haben. Dies setzt zwei übereinstimmende Willenserklärungen voraus, Antrag und Annahme (vgl. §§ 145 ff. BGB).[1] Wer vorliegend das Angebot gemacht hat und wer dieses angenommen hat, kann dem Sachverhalt nicht entnommen werden. Jedenfalls haben sich V und K über den Kauf des Pferdes „Herzog" zum Preis von 20.000 Euro geeinigt. Die essentialia negotii (Kaufpreis und Kaufgegenstand) liegen insoweit vor. **447**

Diese Form der Argumentation ist für Studienanfänger vielleicht etwas unorthodox. Aber denken Sie einmal beide möglichen Alternativen durch. Ob V oder K das Angebot gemacht und wer es angenommen hat, ist doch im Ergebnis gleich. Zwei übereinstimmende Willenserklärungen liegen vor und das zählt! **448**

2. Anspruch untergegangen

Möglicherweise ist die Willenserklärung von K gem. § 142 Abs. 1 BGB ex tunc nichtig, soweit er diese wirksam angefochten hat.[2] **449**

Wegen der ex-tunc-Wirkung wird zuweilen auch empfohlen die Anfechtung bei I. zu prüfen. Der hier gewählte Aufbau ist gerade bei komplexen Fällen übersichtlicher. **450**

a) Anfechtungsgrund

In Betracht kommt ein Eigenschaftsirrtum gem. § 119 Abs. 2 BGB. Er müsste sich also über eine verkehrswesentliche Eigenschaft des Pferdes, einer Sache i.S.v. § 119 Abs. 2 BGB, geirrt haben. **451**

aa) Eigenschaft

Eigenschaften sind neben den auf der natürlichen Beschaffenheit beruhenden Merkmalen auch tatsächliche oder rechtliche Verhältnisse und Beziehungen zur Umwelt, soweit sie nach der Verkehrsanschauung für die Wertschätzung oder Verwendbarkeit von Bedeutung sind.[3] **452**

---

1 BGH, NJW 2017, 468 (469); *Schack*, Rn. 177.
2 *Schack*, Rn. 223.
3 BGH, NJW 1984, 230 (231); *Schack*, Rn. 279.

K ist bei Abgabe der Einigungserklärung davon ausgegangen, dass das Pferd „Herzog" einer Linienzucht entstammt. Alter und Stammbaum sind bei einem Pferd wertbildende Merkmale und daher Eigenschaften i.S.v. § 119 Abs. 2 BGB. Die Linienzucht stellt mithin eine Eigenschaft dar.

bb) Verkehrswesentlichkeit

453 Der Stammbaum des Pferdes müsste auch verkehrswesentlich sein. Welche Anforderungen die Verkehrswesentlichkeit begründen ist umstritten. Teilweise wird der Begriff in Richtung der Parteiinteressen interpretiert. Verkehrswesentlich sei daher, was vertragswesentlich ist.[4] Diese Lösung versagt, wie vorliegend, wenn es nur auf die Vorstellung des Erklärenden ankommt. Vorzugswürdig ist daher eine objektive Interpretation. Maßgeblich ist, was *üblicherweise* bei einem solchen Geschäft als entscheidende Eigenschaften von den Parteien angesehen werden kann.[5] Eine andere Interpretation würde den Anwendungsbereich des § 119 Abs. 2 BGB quasi-rechtsgeschäftlich bestimmen.[6] Ein Anfechtungsrecht soll jedoch ein einseitiges Lösungsrecht gewähren. Alter und Stammbaum sind bei einem Pferd wertbildende Merkmale. Es handelt sich dabei um Eigenschaften, die für den Kauf eines Pferdes von entscheidender Bedeutung sind.

Daher handelt es sich um verkehrswesentliche Eigenschaften i. S. v. § 119 Abs. 2 BGB.[7]

cc) Kausalität

454 Aus dem Verweis auf § 119 Abs. 1 BGB folgt weiterhin, dass der Eigenschaftsirrtum kausal für die Willenserklärung gewesen sein muss. Laut Sachverhalt war die Linienzucht für K ausschlaggebend. Ohne Irrtum, hätte er den Kauf nicht getätigt.

dd) Zwischenergebnis

455 Folglich unterlag V bei der Abgabe seiner Einigungserklärung einem Eigenschaftsirrtum gem. § 119 Abs. 2 BGB. Ein Anfechtungsgrund liegt also vor.[8]

b) Anfechtungserklärung

456 K müsste die Anfechtung gem. § 143 Abs. 1 BGB erklärt haben. Die Anfechtungserklärung ist eine formfreie, empfangsbedürftige Willenserklärung, die unzweideutig erkennen lässt, dass die angefochtene Willenserklärung rückwirkend beseitigt werden soll; das Wort „Anfechtung" muss dabei nicht fallen.[9] K weigert sich, den Kaufpreis zu zahlen. Diese Erklärung ist nach §§ 133, 157, 242 BGB auszulegen. X bringt damit zum Ausdruck, dass er an der Vertragserfüllung kein Interesse hat und seine zum Vertragsschluss maßgebliche Erklärung rückwirkend beseitigen will. Eine wirksame Anfechtungserklärung liegt daher vor. Diese wurde auch dem richtigen Anfechtungsgegner gemäß § 143 Abs. 2 BGB erklärt.

---

4 Vgl. *Medicus/Petersen* Rn. 770.
5 *Mansel*, in: Jauernig, § 119 Rn. 15.
6 BGH, NJW 1984, 230 (231); *Schack*, Rn. 279 ff.
7 vgl. *Singer*, in: Staudinger, § 119 Rn. 80 ff. und *Ellenberger*, in: Grüneberg, § 119 Rn. 27.
8 *Schack*, Rn. 222.
9 *Mansel*, in: Jauernig, § 143 Rn. 2.

c) Anfechtungsfrist gem. § 121 Abs. 1 BGB

K hat die Herausgabe des Pferdes sofort und somit ohne schuldhaftes Zögern i. S. d. § 121 Abs. 1 BGB erklärt. Die Anfechtungsfrist aus § 121 Abs. 1 BGB ist damit gewahrt. **457**

d) Zwischenergebnis

K hat mithin seine auf den Vertragsschluss gerichtete Willenserklärung wirksam gem. §§ 119 Abs. 2, 142 Abs. 1 BGB angefochten. Der Kaufvertrag gem. § 433 BGB zwischen K und V ist folglich ex tunc nichtig. Der Anspruch ist untergegangen. **458**

3. Ergebnis

K hat keinen Anspruch auf Zahlung des Kaufpreises gem. § 433 Abs. 2 BGB. **459**

B. Abwandlung 1

I. Anspruch aus § 433 Abs. 2 BGB

V könnte gegen K einen Anspruch aus § 433 Abs. 2 BGB auf Zahlung des Kaufpreises haben. **460**

1. Anspruch entstanden

V und K müssten einen wirksamen Kaufvertrag gem. § 433 BGB geschlossen haben. Dies setzt zwei übereinstimmende Willenserklärungen voraus, Antrag und Annahme (vgl. §§ 145 ff. BGB).[10] Wer vorliegend das Angebot gemacht hat und wer dieses angenommen hat, kann dem Sachverhalt nicht entnommen werden. Jedenfalls haben sich V und K im Ergebnis über den Kauf des Pferdes „Herzog" zum Preis von 20.000 Euro geeinigt. Die essentialia negotii (Kaufpreis und Kaufgegenstand) liegen insoweit vor. **461**

2. Anspruch untergegangen

Möglicherweise ist die Willenserklärung von K gem. § 142 Abs. 1 BGB ex tunc nichtig, soweit er diese wirksam angefochten hat. **462**

a) Anfechtungsgrund

Ein Anfechtungsrecht könnte aus einem Inhaltsirrtum gem. § 119 Abs. 1 S. 1 Alt. 1 BGB folgen. **463**

aa) Inhaltsirrtum

Für einen Inhaltsirrtum ist erforderlich, dass das objektiv Erklärte mit dem Geschäftswillen des Erklärenden nicht übereinstimmt.[11] K hat die Urkunde allerdings unterschrieben, ohne diese vorher zu lesen. Er hat eine sog. Risikoerklärung abgegeben. Ob eine Risikoerklärung zur Anfechtung berechtigt, hängt davon ab, ob sich der Unterzeichner **464**

---

10 BGH, NJW 2017, 468 (469); *Schack*, Rn. 277.

11 *Schack*, Rn. 215.

keinerlei Vorstellungen vom Inhalt der Erklärung macht, oder ob er konkrete (allerdings unrichtige) Vorstellungen hat. Soweit sich der Unterzeichner keinerlei Vorstellungen über seine Erklärung macht, fehlt es an der positiven Fehlvorstellung, also der Diskrepanz zwischen Erklärtem und Gewolltem.[12]

K hat zwar die Urkunde nicht gelesen, ist aber davon ausgegangen, dass Herzog einer Linienzucht entstammt. Es handelt sich daher nicht um eine Risikoerklärung. Vielmehr hat sich K über den Inhalt seiner Erklärung Gedanken gemacht, sodass er einem Inhaltsirrtum i.S.d. § 119 Abs. 1 Alt. 1 BGB unterliegt.

bb) Kausalität

465 Dass das Pferd einer Linienzucht entspringt war für K ausschlaggebend.

cc) Zwischenergebnis

466 Ein Anfechtungsgrund liegt mithin vor, sodass K zur Anfechtung berechtigt ist.

b) Anfechtungserklärung

467 K müsste die Anfechtung gem. § 143 Abs. 1 BGB erklärt haben. Die Anfechtungserklärung ist eine formfreie, empfangsbedürftige Willenserklärung, die unzweideutig erkennen lässt, dass die angefochtene Willenserklärung rückwirkend beseitigt werden soll; das Wort „Anfechtung" muss dabei nicht fallen.[13] K weigert sich, den Kaufpreis zu zahlen. Diese Erklärung ist nach §§ 133, 157, 242 BGB auszulegen. K bringt damit zum Ausdruck, dass er an der Vertragserfüllung kein Interesse hat und seine zum Vertragsschluss maßgebliche Erklärung rückwirkend beseitigen will. Eine wirksame Anfechtungserklärung liegt daher vor.

c) Anfechtungsfrist gem. § 121 Abs. 1 BGB

468 K hat die Herausgabe des Pferdes sofort und somit ohne schuldhaftes Zögern i. S. d. § 121 Abs. 1 BGB erklärt. Die Anfechtungsfrist aus § 121 Abs. 1 BGB ist damit gewahrt.

d) Zwischenergebnis

469 K hat mithin seine auf den Vertragsschluss gerichtete Willenserklärung wirksam gem. §§ 119 Abs. 1 Alt. 1, 142 Abs. 1 BGB angefochten. Der Kaufvertrag gem. § 433 BGB zwischen K und V ist folglich nichtig. Der Anspruch ist daher untergegangen.

II. Ergebnis

470 K hat keinen Anspruch auf Zahlung des Kaufpreises gem. § 433 Abs. 2 BGB.

---

12 BGH, BB 1956, 254; BGH, NJW 1995, 190 f.
13 *Mansel*, in: Jauernig, § 143 Rn. 2.

C. Abwandlung 2

I. Anspruch aus § 433 Abs. 2 BGB

V könnte einen Anspruch aus § 433 Abs. 2 BGB auf die Zahlung von 45.000 Euro haben. **471**

1. Anspruch entstanden

Dazu müssten K und V einen Vertrag zu diesem Inhalt abgeschlossen haben. Ein Vertrag setzt mindestens zwei übereinstimmende Willenserklärungen voraus, Antrag und Annahme, §§ 145 ff. BGB.[14] **472**

a) Angebot durch V

Ein Angebot ist eine empfangsbedürftige Willenserklärung, die alle vertragswesentlichen Bestandteile enthält und durch die der Vertragsschluss einem anderen so angetragen wird, dass das Zustandekommen des Vertrages nur noch von dem Einverständnis des Empfängers abhängt.[15] **473**

Sie werden sich jetzt vermutlich fragen, warum die Lösung hier in eine detaillierte Schemaprüfung übergeht. Das hängt damit zusammen, dass die Auslegung der Willenserklärung das Problem des Falles der Abwandlung 2 ist. **474**

aa) Vorliegen einer Willenserklärung

Eine Willenserklärung ist eine private Willensäußerung, die auf die Erzeugung einer Rechtsfolge gerichtet ist.[16] Sie setzt sich aus einem objektiven und einem subjektiven Tatbestand zusammen. **475**

(1) Objektiver Tatbestand

Der objektive Tatbestand setzt einen Erklärungstatbestand voraus, der bei objektiver Betrachtung als Ausdruck eines Rechtsbindungswillens verstanden werden kann. Aus dem Schreiben folgt zweifellos ein Rechtsbindungswille. Der objektive Tatbestand ist somit gegeben. **476**

(2) Subjektiver Tatbestand

Das Schreiben wurde mit Handlungswillen und Erklärungsbewusstsein erstellt. Dass sich V bei der Angebotserstellung verschrieben hat ist unerheblich. Nach § 116 BGB ist sogar der gesamte Geschäftswille im Einzelfall entbehrlich. **477**

---

14 BGH, NJW 2017, 468 (469); *Schack*, Rn. 177.
15 *Flume*, BGB AT II § 35 I 1 (635).
16 BGH, NJW 2001, 289 (290).

bb) Zwischenergebnis

478 Somit liegt eine Willenserklärung vor.

cc) Bestimmtheit

479 Es stellt sich jedoch die Frage, welchen Inhalt das Angebot hatte. Problematisch ist hier, dass der Vertrag einen Rechenfehler beinhaltet: Das richtige Kaufpreisprodukt der drei Pferde, die jeweils 15.000 Euro kosten, ist nicht wie im Vertrag festgehalten 40.000 Euro, sondern 45.000 Euro. Möglicherweise muss V daher den Kaufvertrag gem. §§ 142 Abs. 1, 119 Abs. 1 Alt. 1 BGB wegen eines Kalkulationsirrtums anfechten. Dabei ist zwischen offenem und verdecktem Kalkulationsirrtum zu differenzieren. Eine Anfechtung könnte hier entbehrlich sein, wenn schon durch Auslegung des Vertrags der korrekte Kaufpreis ermittelbar wäre. Maßgeblich sind dafür die §§ 133, 157, 242 BGB und die Verkehrssitte. Soweit die fehlerhafte Kalkulation für den Adressaten bei Anwendung der zumutbaren Sorgfalt erkennbar ist, kommt der Vertrag zum dann korrekt kalkulierten Preis zustande.[17]

Vorliegend beinhaltet der Kaufvertrag eine einfache Multiplikation: 3 x 15.000 Euro. Dem Adressaten ist zuzumuten, das richtige Produkt dieser Multiplikation zu errechnen. Das Angebot war somit inhaltlich bestimmt.

dd) Abgabe und Zugang

480 An Abgabe und Zugang der Erklärung besteht kein Zweifel.

481 Der Sachverhalt sagt hier nichts. Da aber Abgabe und Zugang für eine wirksame Einigung erforderlich sind, kann man dies auf der kurzen Passage „kauft". Ob die Verhandlungen in Anwesenheit oder Abwesenheit geführt wurden, ist nicht relevant, da eine Einigung laut Sachverhalt gegeben ist. Ausführungen sind daher nicht erforderlich.

b) Annahmeerklärung von K

482 Dieses Angebot nahm K an. Die Annahme bezog sich auf die Vertragsparteien, den Kaufpreis und den Kaufgegenstand.

2. Zwischenergebnis

483 Mithin ist ein Vertrag zum Preis von 45.000 Euro zustande gekommen. Der Anspruch ist folglich entstanden

17 *Schack*, Rn. 219.

II. Ergebnis

V kann die Zahlung von 45.000 Euro aus § 433 Abs. 2 BGB verlangen. **484**

Vertiefungshinweise

Schack, § 10, § 12 **485**
Medicus/Petersen, Rn. 714 ff.
Musielak, JuS 2014, 583

Fall 14

Die Anfechtung nach § 123 BGB

486 A ist technikbegeistert. Technisch möchte er immer auf dem neusten Stand sein. Da er allerdings etwas knapp bei Kasse ist, überlegt er sich folgenden Plan: Um sein neues Telefon zu finanzieren, möchte er sein altes Gerät verkaufen. Er ist sich im Klaren darüber, dass sein altes Telefon zwar optisch aussieht wie neu, jedoch durch die hohe Nutzung bereits erheblich an Leistung eingebüßt hat. Insbesondere die Batterie hat nur noch eine Leistung von ca. 30%. Als sein Bekannter X sich für das iPhone interessiert, erklärt er diesem wahrheitswidrig, dass er das Gerät bislang kaum genutzt hat. Insbesondere um die Batterie müsse er sich keine Sorgen machen, diese wäre vollständig funktionsfähig und daher „wie neu". X, der vor allem wegen der schwachen Batterie seines Telefons zum Kauf eines neuen Geräts entschieden ist, bietet A an, das Telefon für 750 Euro zu kaufen. A schlägt ein und übergibt X das Telefon. A und X verständigen sich darauf, dass X das Geld 3 Tage später überweisen soll.

Als X einige Tage später feststellt, dass die Batterie nur noch eine Leistung von 30% aufweist, ruft er erbost bei A und weigert sich unter Verweis auf die leistungsschwache Batterie, das Geld zu überweisen.

Kann A von X die Zahlung des Kaufpreises verlangen?

Es ist davon auszugehen, dass A Kenntnis davon hat, dass X die Batterie besonders wichtig ist und X ohne die Information den Kaufvertrag nicht abgeschlossen hätte.

Abwandlung 1

A betreibt einen kleinen Shop für gebrauchte Telefone. C, der A wirksam gemäß § 164 BGB vertritt, führt die Verhandlungen und behauptet gegenüber X wahrheitswidrig, die Batterie sei „wie neu". A hat von allem keine Kenntnis.

Kann A von X die Zahlung des Kaufpreises verlangen?

Abwandlung 2

A verkauft nun ein neues Telefon, weil ihm sein altes doch besser gefällt. Als sich X das neue Telefon anschaut gefällt ihm die Farbe jedoch nicht. Als X sich gerade verabschieden will, kommt der große und muskulöse A ihm nahe und sagt: „Wenn du hier heil herauskommen möchtest, würde ich das Telefon kaufen". Daraufhin zahlt X die geforderten 1.000 Euro und macht sich mit dem Telefon auf den Heimweg.

Kann X seine Willenserklärung anfechten?

Vorüberlegungen

Neben der Anfechtung wegen Irrtums kann eine Willenserklärung auch angefochten **487** werden, wenn der Erklärende diese nur abgegeben hat, weil er im Voraus getäuscht oder bedroht wurde, § 123 Abs. 1 BGB. Während eine Anfechtung nach § 119 Abs. 2 BGB wegen Irrtums ausscheidet, soweit der Kaufvertrag geschlossen ist und die Sache übergeben wurde, kann die Anfechtung nach § 123 Abs. 1 BGB weiterhin erklärt werden. Das Privileg des „Rechts der zweiten Andienung" des Verkäufers steht diesem wegen seiner Täuschung nicht zu.

In Fällen arglistiger Täuschung tauchen häufig Dritte auf, die Einfluss auf die Kaufentscheidung nehmen. Dabei besteht häufig Unsicherheit im Hinblick auf die Einordnung des Dritten gem. § 123 Abs. 2 BGB, in diesem Fall also, ob C als solcher einzustufen ist. Als Dritter kommt nur derjenige in Betracht, der am Geschäft unbeteiligt ist und dessen Verhalten sich der Erklärungsempfänger nicht zurechnen lassen muss. Soweit das Verhalten zugerechnet werden kann, ist § 123 Abs. 2 BGB nicht einschlägig, sondern die §§ 164 ff. BGB.

Ebenso zur Anfechtung ist berechtigt wer die Erklärung wegen einer Drohung abgibt. Maßgebliche Norm ist § 123 Abs. 1 Var. 2 BGB. Im Rahmen der Prüfung ist jeweils genau zu beleuchten, ob es sich tatsächlich um eine Drohung handelt.

Gliederung

A. Ausgangsfall **488**

Anspruch aus § 433 Abs. 2 BGB

1. Anspruch entstanden
   - a) Einigung
   - b) Zwischenergebnis
2. Anspruch untergegangen
   - a) Anfechtungsgrund
     - aa) Täuschung
     - bb) Widerrechtlichkeit der Täuschung
     - cc) Irrtum
     - dd) Arglist
     - ee) Kausalität
     - ff) Zwischenergebnis
   - b) Anfechtungserklärung
   - c) Anfechtungsfrist
   - d) Zwischenergebnis
3. Ergebnis

B. Abwandlung 1

I. Anspruch aus § 433 Abs. 2 BGB

1. Anspruch entstanden
   a) Einigung
   b) Zwischenergebnis
2. Anspruch untergegangen
   a) Anfechtungsgrund
      aa) Täuschung
         (1) Täuschungshandlung
         (2) Person des Täuschenden
            (a) Dritter i.S.v. § 123 Abs. 2 S. 1 BGB
            (b) Zwischenergebnis
      bb) Widerrechtlichkeit der Täuschung
      cc) Irrtum
      dd) Arglist
      ee) Kausalität
      ff) Zwischenergebnis
   b) Anfechtungserklärung
   c) Anfechtungsfrist
   d) Zwischenergebnis
3. Zwischenergebnis

II. Ergebnis

C. Abwandlung 2

I. Anfechtungsgrund

1. Drohung
2. Widerrechtlichkeit
3. Kausalität
4. Subjektiver Tatbestand

II. Anfechtungserklärung und -frist

III. Ergebnis

Musterlösung

A. Ausgangsfall

Anspruch aus § 433 Abs. 2 BGB

X könnte einen Anspruch auf Zahlung des Kaufpreises i.H.v. 750 Euro gegen A gemäß § 433 Abs. 2 BGB zustehen. **489**

1. Anspruch entstanden

Dazu müssten A und X einen Kaufvertrag gem. § 433 BGB geschlossen haben. **490**

a) Einigung

Insoweit müssten sich A und X über den Kauf des Telefons geeinigt haben. Eine vertragliche Einigung erfordert zwei übereinstimmende Willenserklärungen; Antrag und Annahme (§§ 145 ff. BGB).[1] Hieran besteht vorliegend kein Zweifel. X hat A vorgeschlagen, das Telefon für 750 Euro zu kaufen. Indem A eingeschlagen hat, nahm er das Angebot auch an. Mithin haben sich A und X über den Kauf des Telefons zum Preis von 750 Euro geeinigt. **491**

b) Zwischenergebnis

A und X haben einen wirksamen Kaufvertrag über das Telefon zum Preis von 750 Euro geschlossen. **492**

2. Anspruch untergegangen

Möglicherweise ist die Willenserklärung von X jedoch gem. § 142 Abs. 1 BGB ex tunc unwirksam sein. **493**

a) Anfechtungsgrund

In Betracht kommt ein Anfechtungsgrund nach § 123 Abs. 1 Alt. 1 BGB, wegen arglistiger Täuschung. **494**

aa) Täuschung

A müsste X dazu getäuscht haben. Täuschen ist jedes Verhalten eines Menschen, das darauf abzielt, bei einem anderen eine unrichtige Vorstellung über Tatsachen hervorzurufen, zu bestärken oder zu unterhalten.[2] Tatsachen sind alle dem Beweis zugänglichen inneren und äußeren Umstände aus Vergangenheit und Gegenwart.[3] **495**

A hat gegenüber X wahrheitswidrig behauptet, dass das Telefon über eine vollständig funktionsfähige Batterie verfüge und daher „wie neu" wäre. Damit hat er falsche Tatsachen im Hinblick auf das Telefon vermittelt. Eine Täuschungshandlung liegt vor.

---

1 BGH, NJW 2017, 468 (469); *Schack*, Rn. 177.
2 *Schack*, Rn. 269.
3 *Mansel*, in: Jauernig, § 123 Rn. 3.

bb) Widerrechtlichkeit der Täuschung

496 Weiterhin muss die Täuschung auch widerrechtlich gewesen sein. Der Gesetzgeber war davon ausgegangen, dass jede Täuschung widerrechtlich ist und hatte somit übersehen, dass eines im Einzelfall auch ein anzuerkennendes Interesse gibt, zu lügen.[4] Ein solches liegt vorliegend indes fern. Vielmehr ist eine widerrechtliche Täuschung anzunehmen.

cc) Irrtum

497 X müsste auf Grund dieser Täuschung einem Irrtum unterliegen. Ein Irrtum ist das Abweichen des Vorstellungsbildes von der Realität. X dachte, dass es sich bei dem Telefon um ein Gerät handeln würde, dessen Batterie „wie neu" sei. Tatsächlich hat die Batterie nur eine Leistungsfähigkeit von ca. 30%. Folglich liegt ein Irrtum vor. Die Täuschung von A kann auch nicht hinweggedacht werden, ohne dass der Irrtum entfällt. X unterlag in Folge der Täuschungshandlung einem Irrtum.

dd) Arglist

498 A müsste arglistig getäuscht haben. Arglist liegt vor, wenn der Täuschende vorsätzlich gehandelt hat. Er muss die Unrichtigkeit seiner Angaben gekannt haben und sich im Klaren darüber gewesen sein, dass sein Gegenüber die beabsichtigte Willenserklärung bei Kenntnis der richtigen Sachlage nicht in der konkreten Gestalt abgeben würde, wobei Eventualvorsatz genügt.[5] A wusste darum, dass es X beim Kauf entscheidend auf die Leistungsfähigkeit der Batterie ankam. Folglich hat er jedenfalls billigend in Kauf genommen, dass X eine Willenserklärung abgibt, die er ansonsten nicht abgegeben hätte. A handelte daher auch arglistig.

ee) Kausalität

499 Die Täuschung bestimmte X zur Abgabe seiner Willenserklärung.

ff) Zwischenergebnis

500 Die Voraussetzungen des § 123 Abs. 1 Alt. 1 BGB sind erfüllt. Ein Anfechtungsgrund besteht.

b) Anfechtungserklärung

501 X müsste die Anfechtung gem. § 143 Abs. 1 BGB erklärt haben. Die Anfechtungserklärung ist eine formfreie, empfangsbedürftige Willenserklärung, die unzweideutig erkennen lässt, dass die angefochtene Willenserklärung rückwirkend beseitigt werden soll; das Wort „Anfechtung" muss dabei nicht fallen.[6] X weigert sich, den Kaufpreis zu zahlen. Diese Erklärung ist nach §§ 133, 157, 242 BGB auszulegen. X bringt damit zum Ausdruck, dass er sich wegen der Leistungsfähigkeit der Batterie vom Kaufvertrag lösen will. Folglich hat X jedenfalls konkludent die Anfechtung wegen seines Willensmangels erklärt.

---

4 Vgl. BAG, NJW 1991, 2723 (2724 f.).
5 BGH, NJW 2013, 2182 (2183); *Schack*, Rn. 270.
6 *Schack*, Rn. 221; *Mansel*, in: Jauernig, § 143 Rn. 2.

c) Anfechtungsfrist

Gemäß § 124 Abs. 1 BGB muss die Anfechtung einer nach § 123 anfechtbaren Willenserklärung binnen Jahresfrist erfolgen. Die Frist beginnt nach § 124 Abs. 2 BGB im Falle der arglistigen Täuschung mit dem Zeitpunkt, in welchem der Anfechtungsberechtigte die Täuschung entdeckt. X hat die mangelhafte Akkulaufzeit alsbald gemerkt und die Anfechtungsfrist gewahrt. **502**

d) Zwischenergebnis

X hat seine Willenserklärung wirksam wegen arglistiger Täuschung gem. §§ 142 Abs. 1, 123 Abs. 1 Alt. 1 BGB angefochten. Der Kaufvertrag ist ex tunc gem. § 142 Abs. 1 BGB nichtig **503**

3. Ergebnis

A hat keinen Anspruch auf die Zahlung des Kaufpreises i.H.v. 750 Euro aus § 433 Abs. 2 BGB. **504**

B. Abwandlung 1

I. Anspruch aus § 433 Abs. 2 BGB

X könnte einen Anspruch auf Zahlung des Kaufpreises i.H.v. 750 Euro gegen A gemäß § 433 Abs. 2 BGB zustehen. **505**

1. Anspruch entstanden

Dazu müssten A und X einen Kaufvertrag gem. § 433 BGB geschlossen haben. **506**

a) Einigung

Insoweit müssten sich A und X über den Kauf des Telefons geeinigt haben. Eine Einigung erfordert zwei übereinstimmende Willenserklärungen; Antrag und Annahme (§§ 145 ff. BGB).[7] Hieran besteht vorliegend kein Zweifel. C hat A vorgeschlagen, das Telefon für 750 Euro zu kaufen. Hierbei hat er X wirksam nach § 164 BGB vertreten. Indem A eingeschlagen hat, nahm er das Angebot auch an. Mithin haben sich A und X über den Kauf des Telefons zum Preis von 750 Euro geeinigt. **507**

b) Zwischenergebnis

A und X haben einen wirksamen Kaufvertrag über das Telefon zum Preis von 750 Euro geschlossen. **508**

2. Anspruch untergegangen

Möglicherweise ist die Willenserklärung von X jedoch gem. § 142 Abs. 1 BGB ex tunc unwirksam sein, wenn er diese wirksam angefochten hat. **509**

---

7 BGH, NJW 2017, 468 (469); *Schack*, Rn. 177.

a) Anfechtungsgrund

510 In Betracht kommt ein Anfechtungsgrund nach § 123 Abs. 1 Alt. 1 BGB, wegen arglistiger Täuschung.

aa) Täuschung

511 A müsste X dazu getäuscht haben.

(1) Täuschungshandlung

512 Täuschen ist jedes Verhalten eines Menschen, das darauf abzielt, bei einem anderen eine unrichtige Vorstellung über Tatsachen hervorzurufen, zu bestärken oder zu unterhalten.[8] Tatsachen sind alle dem Beweis zugänglichen inneren und äußeren Umstände aus Vergangenheit und Gegenwart.[9]

C hat gegenüber X wahrheitswidrig behauptet, dass das Telefon über eine vollständig funktionsfähige Batterie verfüge und daher „wie neu" wäre. Damit hat er falsche Tatsachen im Hinblick auf das Telefon vermittelt.

(2) Person des Täuschenden

513 Jedoch stellt sich die Frage, inwieweit das Handeln des C überhaupt für und wider A gelten kann.

(a) Dritter i.S.v. § 123 Abs. 2 S. 1 BGB

514 Möglicherweise könnte die Anfechtung dadurch ausgeschlossen sein, dass A keine Kenntnis von der Täuschung i.S.d. § 123 Abs. 2 S. 1 BGB hatte. Die fehlende Kenntnis würde ihn vor der Anfechtung schützen, soweit C Dritter i.S.d. § 123 Abs. 2 S. 1 BGB ist.

Als Dritter kommt indes nur derjenige in Betracht, der am Geschäft unbeteiligt ist und dessen Verhalten sich der Erklärungsempfänger nicht zurechnen lassen muss.[10] Entscheidend kann dabei darauf abgestellt werden, in welchem Lager die dritte Person steht: Soweit die dritte Person dem Lager des Anfechtungsgegners zuzuordnen ist, ist § 123 Abs. 2 S. 1 BGB nicht einschlägig.

515 Kein Dritter i.S.d. Vorschrift ist daher derjenige, dessen Verhalten dem des Anfechtungsgegners gleichzusetzen ist. Nach § 164 BGB gilt eine Willenserklärung eines Stellvertreters für und wider den Vertretenen (§ 164 BGB). Diese gesetzliche Regelung ist Ausdruck des Gedankens strenger Repräsentation (vgl. auch § 166 BGB). Folglich kann das Verhalten des Stellvertreters auch im Rahmen von § 123 BGB zugerechnet werden. Die Täuschungshandlung des Stellvertreters wird zur Täuschungshandlung des Vertretenen.

C ist bei A angestellt und führt für ihn die Verhandlungen. Folglich ist er nicht Dritter i.S.d. § 123 Abs. 2 S. 1 BGB. Somit ist ein Stellvertreter nach § 164 BGB kein Dritter.

---

8 Vgl. BAG, NJW 1991, 2723 (2724 f.).
9 Vgl. BGH, NJW 1998, 1223 (1224); *Schack*, Rn. 269.
10 BGH, NJW 1996, 1051 (1051); *Schack*, Rn. 272 f.

(b) Zwischenergebnis

Eine Täuschungshandlung liegt vor. **516**

bb) Widerrechtlichkeit der Täuschung

Weiterhin muss die Täuschung auch widerrechtliche gewesen sein. Der Gesetzgeber war **517** davon ausgegangen, dass jede Täuschung widerrechtlich ist und hatte somit übersehen, dass eines im Einzelfall auch ein anzuerkennendes Interesse gibt, zu lügen.[11] Ein solches liegt vorliegend indes fern. Vielmehr ist eine widerrechtliche Täuschung anzunehmen.

cc) Irrtum

X müsste auf Grund dieser Täuschung einem Irrtum unterliegen. Ein Irrtum ist das **518** Abweichen des Vorstellungsbildes von der Realität. X dachte, dass es sich bei dem Telefon um ein Gerät handeln würde, dessen Batterie „wie neu" sei. Tatsächlich hat die Batterie nur eine Leistungsfähigkeit von ca. 30%. Folglich liegt ein Irrtum vor. Die Täuschung von A kann auch nicht hinweggedacht werden, ohne dass der Irrtum entfällt. X unterlag in Folge der Täuschungshandlung einem Irrtum.

dd) Arglist

A müsste arglistig getäuscht haben. Arglist liegt vor, wenn der Täuschende vorsätzlich **519** gehandelt hat. Er muss die Unrichtigkeit seiner Angaben gekannt haben und sich im Klaren darüber gewesen sein, dass sein Gegenüber die beabsichtigte Willenserklärung bei Kenntnis der richtigen Sachlage nicht in der konkreten Gestalt abgeben würde, wobei Eventualvorsatz genügt.[12] A wusste darum, dass es X beim Kauf entscheidend auf die Leistungsfähigkeit der Batterie ankam. Folglich hat er jedenfalls billigend in Kauf genommen, dass X eine Willenserklärung abgibt, die er ansonsten nicht abgegeben hätte. A handelte daher auch arglistig.

ee) Kausalität

Die Täuschung bestimmte X zur Abgabe seiner Willenserklärung. **520**

ff) Zwischenergebnis

Die Voraussetzungen des § 123 Abs. 1 Alt. 1 BGB sind erfüllt. Ein Anfechtungsgrund **521** besteht.

b) Anfechtungserklärung

X müsste die Anfechtung gem. § 143 Abs. 1 BGB erklärt haben.[13] Die Anfechtungserklä- **522** rung ist eine formfreie, empfangsbedürftige Willenserklärung, die unzweideutig erkennen lässt, dass die angefochtene Willenserklärung rückwirkend beseitigt werden soll; das Wort „Anfechtung" muss dabei nicht fallen.[14] X weigert sich, den Kaufpreis zu zahlen. Diese

---

11 Vgl. BAG, NJW 1991, 2723 (2724 f.).
12 BGH, NJW 2013, 2182 (2183); *Schack*, Rn. 270.
13 *Schack*, Rn. 222.
14 *Mansel*, in: Jauernig, § 143 Rn. 2.

Erklärung ist nach §§ 133, 157, 242 BGB auszulegen. X bringt damit zum Ausdruck, dass er sich wegen der Leistungsfähigkeit der Batterie vom Kaufvertrag lösen will. Folglich hat X jedenfalls konkludent die Anfechtung wegen seines Willensmangels erklärt.

c) Anfechtungsfrist

523 Gemäß § 124 Abs. 1 BGB muss die Anfechtung einer nach § 123 anfechtbaren Willenserklärung binnen Jahresfrist erfolgen. Die Frist beginnt nach § 124 Abs. 2 BGB im Falle der arglistigen Täuschung mit dem Zeitpunkt, in welchem der Anfechtungsberechtigte die Täuschung entdeckt. X hat die mangelhafte Akkulaufzeit alsbald gemerkt und die Anfechtungsfrist gewahrt.

d) Zwischenergebnis

524 X hat seine Willenserklärung wirksam wegen arglistiger Täuschung gem. §§ 142 Abs. 1, 123 Abs. 1 Alt. 1 BGB angefochten. Der Kaufvertrag ist ex tunc gem. § 142 Abs. 1 BGB nichtig.

3. Zwischenergebnis

525 Der Anspruch ist untergegangen.

II. Ergebnis

526 A hat keinen Anspruch auf die Zahlung des Kaufpreises i.H.v. 750 Euro aus § 433 Abs. 2 BGB.

C. Abwandlung 2

527 X könnte seine Willenserklärung anfechten, wenn ihm ein Anfechtungsrecht zusteht, und die Anfechtungsfrist für die Anfechtungserklärung noch nicht abgelaufen ist. In Betracht kommt eine Anfechtung wegen Drohung gem. §§ 142 Abs. 1, 123 Abs. 1 Alt. 2 BGB.

I. Anfechtungsgrund

528 X könnte seine auf den Abschluss des Kaufvertrags gerichtete Willenserklärung wegen Drohung anfechten.

1. Drohung

529 Dazu müsste A dem X gedroht haben. Eine Drohung i.S.d. § 123 Abs. 1 Alt. 2 BGB ist das In-Aussicht-stellen eines empfindlichen Übels, auf der der Drohende Einfluss zu haben vorgibt.[15] A kommt X nahe und sagt, dass er, sollte er das Telefon nicht kaufen, nicht heil herauskommen würde. Unzweideutig bezieht sich diese Aussage auf das körperliche Wohlbefinden des X. Dabei handelt es sich um ein empfindliches Übel, auf das A Einfluss zu haben vorgibt. Eine Drohung liegt vor.

---

15 *Mansel*, in: Jauernig, § 123 Rn. 12; *Schack*, Rn. 275.

2. Widerrechtlichkeit

Die Drohung müsste widerrechtlich sein. Die Drohung ist widerrechtlich, wenn das Mittel, d.h. das angedrohte Verhalten, oder der Zweck, d.h. die abgenötigte Willenserklärung, oder jedenfalls die Verknüpfung von beidem widerrechtlich ist.[16] Vorliegend droht A dem X an, dass er, sollte er das Telefon nicht kaufen, nicht heil herauskommen würde. Das In-Aussicht-Stellen von körperlicher Misshandlung ist bereits ein missbilligtes Mittel. Es handelt sich um ein strafbares Verhalten. Die Widerrechtlichkeit ist damit gegeben. **530**

3. Kausalität

Ohne die Drohung hätte X das Telefon nicht gekauft. Folglich wurde er zur Abgabe seiner Willenserklärung bestimmt. **531**

4. Subjektiver Tatbestand

In subjektiver Hinsicht erfordert der Tatbestand der widerrechtlichen Drohung das Bewusstsein des Drohenden, dass sein Verhalten die Willensbetätigung des Bedrohten zu beeinflussen geeignet ist, und den Willen, ihn zur Abgabe einer bestimmten Willenserklärung zu veranlassen.[17] A hat X gedroht, damit dieser das Telefon kauft. Das entsprechende Bewusstsein von A liegt vor. Dahingestellt sein kann daher auch, ob der subjektive Tatbestand der Drohung Kenntnis der Widerrechtlichkeit verlangt. Diese war hier offenkundig. **532**

II. Anfechtungserklärung und -frist

X müsste die Anfechtung gem. § 143 Abs. 1 BGB innerhalb der Jahresfrist aus § 124 Abs. 1 BGB erklären. Diese Frist ist noch nicht abgelaufen. **533**

III. Ergebnis

X kann seine auf den Abschluss des Kaufvertrags gerichtete Willenserklärung gem. §§ 142 Abs. 1, 123 Abs. 1 Alt 2, 124 BGB anfechten. **534**

Vertiefungshinweise

Schack, § 12 **535**

Medicus/Petersen, Rn. 813 ff.

Arnold, JuS 2013, 865

Martens, JuS 2005, 887

16 BAG, NJW 1999, 2059 (2059) m.w.N; *Schack*, Rn. 276.

17 *Ellenberger*, in: Grüneberg § 123 Rn. 23.

Fall 15

Sittenwidrigkeit

536 A ist Single und wohnt in einer 3-Zimmer-Wohnung in der Altstadt von Wiesbaden. Als er eines morgens seine Wohnung verlässt, unterläuft ihm ein Missgeschick. Er zieht die Haustür zu, ohne einen Schlüssel bei sich zu führen. Einen Ersatzschlüssel hat er nirgends deponiert. Über sein Smartphone findet er im Internet die Telefonnummer der Schlüsseldienst GmbH (S) und ruft diese an. Kurz darauf kommt ein Mitarbeiter von S mit seinem Werkzeugkasten an und öffnet die Tür in weniger als fünf Minuten. Den Rechnungsbetrag i.H.v. 598 Euro zahlt A direkt in Bar.

Als A einige Tage später von seinem Freund X darauf aufmerksam gemacht wird, dass der gezahlte Preis deutlich über dem eigentlichen Marktpreis für Schlüsseldienste liegt, ruft er bei der Schlüsseldienst GmbH an und fordert sein Geld zurück.

Kann A von der Schlüsseldienst GmbH sein Geld zurückverlangen?

Abwandlung

Wie ist der Fall zu lösen, wenn A Vater ist und sich sein Neugeborenes in der Wohnung befindet?

Bearbeitervermerk: Es ist davon auszugehen, dass der Marktpreis für Schlüsseldienste in Wiesbaden bei etwa 150 Euro liegt. Auf § 134 BGB i.V.m. § 291 StGB ist nicht einzugehen.

Vorüberlegung

Fälle im Bereich der Sittenwidrigkeit sind oft besonders eindringlich. Trotz der zunehmenden Verrechtlichung von Schulverhältnissen gewinnt § 138 BGB ab und zu sehr große praktische Bedeutung. **537**

§ 138 BGB enthält in aller Regel mehrere Probleme. Zum einen müssen Bearbeiter die Norm gründlich prüfen und ordentlich subsumieren. Daneben werden die Fälle in aller Regel einen Bezug zum Bereicherungsrecht haben. Gute Bearbeiter müssen bei § 138 BGB immer auch an § 817 S. 2 BGB denken. Denn die Norm schränkt auch einen bereicherungsrechtlichen Anspruch aus § 812 Abs. 1 S. 1 Alt. 1 BGB ein. Oftmals wird es um einseitige Verstöße gegen eine Sittenpflicht gehen, so dass eine Korrektur des Herausgabeanspruchs nicht naheliegt.

Gliederung

A. Ausgangsfall **538**

- **I. Anspruch aus § 812 Abs. 1 S. 1 Alt. 1 BGB**
  - 1. Etwas erlangt
  - 2. Durch Leistung
  - 3. Ohne rechtlichen Grund
    - a) Vertragsschluss
    - b) Nichtigkeit des Vertrags gem. § 138 Abs. 2 BGB
      - aa) Auffälliges Leistungsmissverhältnis
      - bb) Zwangslage
      - cc) Zwischenergebnis
    - c) Zwischenergebnis
    - d) Nichtigkeit des Vertrags wegen § 138 Abs. 1 BGB
      - aa) Äquivalenzstörung
      - bb) Verwerfliche Gesinnung
  - 4. Zwischenergebnis
  - 5. Kein Ausschluss nach § 817 S. 2 BGB
- **II. Ergebnis**

B. Abwandlung

- **I. Anspruch aus § 812 Abs. 1 S. 1 Alt. 1 BGB**
  - 1. Anspruch entstanden
    - a) Etwas erlangt
    - b) Durch Leistung
    - c) Ohne rechtlichen Grund
      - aa) Vertragsschluss
      - bb) Nichtigkeit des Vertrags gem. § 138 Abs. 2 BGB
        - (1) Auffälliges Leistungsmissverhältnis
        - (2) Zwangslage
        - (3) Ausbeutung
    - d) Zwischenergebnis
    - e) Kein Ausschluss nach § 817 S. 2 BGB
- **II. Ergebnis**

Musterlösung

A. Ausgangsfall

I. Anspruch aus § 812 Abs. 1 S. 1 Alt. 1 BGB

539 A könnte einen Anspruch auf Herausgabe des Geldes aus § 812 Abs. 1 S. 1 Alt. 1 BGB gegen S haben.

1. Etwas erlangt

540 Die Schlüsseldienst GmbH hat den Besitz und das Eigentum an den Geldscheinen erlangt, als A sie an den Mitarbeiter übergeben hat. Der Mitarbeiter fungiert als Besitzdiener i.S.v. § 863 BGB.

2. Durch Leistung

541 Dies müsste durch eine Leistung geschehen sein. Eine Leistung ist die zweckgerichtete Mehrung fremden Vermögens.[1] Entscheidend dabei ist der objektive Empfängerhorizont. A hat das Eigentum an den Geldscheinen übertragen, um der Verbindlichkeit aus dem geschlossenen Vertrag nachzukommen. S durfte und musste das Verhalten des A als Leistung ansehen. Folglich hat A geleistet.

3. Ohne rechtlichen Grund

542 Die Leistung müsste ohne rechtlichen Grund erfolgt sein. Als Rechtsgrund kommt ein Vertrag zwischen A und der Schlüsseldienst GmbH über die Türöffnung in Betracht.

a) Vertragsschluss

543 A und die Schlüsseldienst GmbH haben einen Werkvertrag gem. § 631 BGB geschlossen. Der Vertrag ist auf die Öffnung der Tür und damit auf die Herbeiführung eines Erfolgs gerichtet.

544 Das eine GmbH auch Verträge schließen kann folgt aus § 13 Abs. 1 GmbHG. Da es sich um eine juristische Person handelt, muss diese gem. § 164 Abs. 1 BGB, § 35 S.1 GmbHG durch den Geschäftsführer vertreten lassen. Auch dort zeigt sich die große Bedeutung des Allgemeinen Teils: Die Frage der Stellvertretung stellt sich in jedem Vertrag, den eine Gesellschaft schließt, weil diese sich jeweils von ihren Geschäftsführern vertreten lassen muss.

b) Nichtigkeit des Vertrags gem. § 138 Abs. 2 BGB

545 Fraglich ist jedoch, ob der Darlehensvertrag zwischen A und B wirksam ist. Der Werkvertrag könnte gem. § 138 Abs. 2 BGB nichtig sein. Dazu müsste es sich um ein wucherisches Rechtsgeschäft gem. § 138 Abs. 2 BGB handeln.

1 *Stadler*, in: Jauernig, § 812 Rn. 3.

aa) Auffälliges Leistungsmissverhältnis

Der Werkvertrag müsste ein auffälliges Leistungsmissverhältnis aufweisen. Dabei kann darauf abgestellt werden, ob das Missverhältnis im konkreten Einzelfall bereits so groß ist, dass die Grenze dessen, was sich nach den gesamten Umständen noch rechtfertigen lässt, überschritten ist.[2] Das ist idR der Fall, wenn der objektive Wert von Leistung und Gegenleistung um etwa 100% oder mehr voneinander abweichen. Der objektive Wert von Leistung und Gegenleistung kann mithilfe eines Marktvergleichs ermittelt werden. Dabei ist das vereinbarte Entgelt dem marktüblichen Preis, also den Forderungen anderer vergleichbarer Marktanbieter, gegenüberzustellen.[3] Hier liegt der objektive Marktwert der Leistung bei 150 Euro. Tatsächlich gezahlt hat A 598 Euro. Eine Abweichung von 100% liegt damit vor, sodass es sich um ein auffälliges Missverhältnis handelt. **546**

bb) Zwangslage

Gem. § 138 Abs. 2 BGB müsste bei A ein die vernünftige wirtschaftliche Entscheidungsfindung behindernder Faktor gegeben sein.[4] In Betracht kommt hier eine Zwangslage. Diese könnte in dem „Ausgesperrtsein“ bestehen. Wann eine solche im Hinblick auf Schlüsseldienste vorliegt, lässt sich unterschiedlich beurteilen. **547**

Zum Teil könnte man darauf abstellen, dass es darauf ankommt, ob dem Wohnungsinhaber in der konkreten Situation des „Ausgesperrtseins“ noch genügend Zeit verbleibt, Vergleichsangebote einzuholen.[5] Eine Zwangslage könnte demnach nur dann angenommen werden, wenn dies dem Betroffenen aufgrund der Umstände des Einzelfalls nicht zumutbar erscheint (Angeschalteter Herd, Kleinkind in der Wohnung, Kälte, etc.). Andererseits könnte man davon ausgehen, dass schon die ernsthafte Bedrängnis, auf einem Schlüsseldienst angewiesen zu sein, um Zutritt zur Wohnung zu erlangen genügt, um eine Zwangslage zu begründen.[6] Der ausgesperrte Wohnungsnutzer befände sich dann stets in einer misslichen Ausnahmesituation und damit auch in einer Zwangslage. Auch die Möglichkeit, ohne Weiteres einen anderen Schlüsseldienst beauftragen zu können, ist insoweit unbeachtlich.

Für letztere Betrachtungsweise lässt sich Folgendes anführen: Der Ausgeschlossene ist wegen der grundsätzlichen Eilbedürftigkeit an der ihm sonst möglichen Auswahl eines Handwerkers gehindert. Dies führt letztlich dazu, dass zumeist der „Nächstbeste“ beauftragt wird. Ein Aushandeln des Werklohns findet dann nicht statt, sodass der Ausgeschlossene der Preisbestimmung des Schlüsseldienstes ausgesetzt ist. Dies würde aber übersehen, dass sich die Preisfindung jedes Unternehmens durch Angebot und Nachfrage bestimmt. Ohne besondere Drucksituation ist deswegen nicht ersichtlich, weshalb der Ausgesperrte besonderen Schutz benötigt, wenn eigentlich die Möglichkeit besteht, sich hinreichend über die unterschiedlichen Anbieter zu informieren. Eine Zwangslage kann deswegen nur angenommen werden, wenn der Ausgesperrte bei Betrachtung der Umstände des Einzelfalls **548**

2 OLG München BeckRS 2014, 10870.
3 BGH NJW 2003, 1596 (1597); BGHZ 80, 153 (162) = NJW 1981, 1206.
4 *Armbrüster*, in: MüKoBGB, § 138 Rn. 143.
5 So z.B. OLG Köln NJW 2017, 158 = BeckRS 2016, 20875 Rn. 9; OLG Brandenburg, BeckRS 2019, 31132 Rn. 13.
6 Vgl. BGH NStZ-RR 2020, 213 (214 f.).

keine Möglichkeit dazu hat, die verschiedenen Anbieter und Preise zu vergleichen, weil ein gesteigertes Interesse daran besteht, schnellstmöglich Zugang zur Wohnung zu erlangen. Insoweit ist jedoch ein großzügiger Maßstab anzulegen.[7]

A ist im Zeitpunkt des Aussperrens Single und hat auch ansonsten keine Möglichkeit, Zugang zu seiner Wohnung zu bekommen. Dennoch lässt sich bereits im Hinblick auf sein Smartphone bezweifeln, dass eine besondere Drucksituation vorliegt. Denn A hat die Möglichkeit, über das Internet verschiedene Anbieter zu vergleichen. Die Gesamtbetrachtung aller Umstände kommt deshalb zu dem Ergebnis, dass A kein – über das grundsätzlich bestehende hinausgehendes – gesteigertes Interesse am schnellstmöglichen Zutritt zu seiner Wohnung hatte. Folglich befand er sich nicht in einer Zwangslage.

cc) Zwischenergebnis

549 A befand sich zum Zeitpunkt des Vertragsschlusses nicht in einer Zwangslage.

c) Zwischenergebnis

550 Der Vertrag ist nicht gem. § 138 Abs. 2 BGB wegen Wucher nichtig.

d) Nichtigkeit des Vertrags wegen § 138 Abs. 1 BGB

551 Neben dem wucherischen Rechtsgeschäft könnte der Vertrag auch gem. § 138 Abs. 1 BGB nichtig sein. In Betracht kommt insoweit das Vorliegen eines wucherähnlichen Rechtsgeschäfts. Dies setzt in objektiver Sicht eine Äquivalenzstörung und subjektiv eine verwerfliche Gesinnung voraus.[8]

aa) Äquivalenzstörung

552 Es müsste eine Äquivalenzstörung geben. Dabei handelt es sich um ein auffälliges Leistungsmissverhältnis zwischen Leistung und Gegenleistung.[9] Entscheidend ist insoweit wieder der objektive Wert der Leistungen. Der veranschlagte Werklohn liegt mit 598 Euro mehr als 200% über dem im Bearbeitervermerk angegebenen objektiven Marktwert. Eine Äquivalenzstörung liegt daher vor.

bb) Verwerfliche Gesinnung

553 Neben dem objektiv auffälligen Leistungsmissverhältnis muss in subjektiver Hinsicht eine verwerfliche Gesinnung hinzutreten. Eine verwerfliche Gesinnung zeichnet sich dadurch aus, dass die eine Vertragspartei die wirtschaftlich schwächere Position seines Partners bewusst zu seinem Vorteil ausnutzt oder sich zumindest leichtfertig der Einsicht verschließt, dass der andere sich nur unter dem Zwang der Verhältnisse, aus Mangel an Urteilsvermögen oder wegen erheblicher Willensschwäche auf den ihm ungünstigen Vertrag eingelassen hat.[10] Erforderlich ist dazu jedoch nicht, dass dem Begünstigten die besondere Vorteilhaftigkeit des Geschäfts bewusst ist; er muss jedoch das Missver-

---

7 Ähnlich *Armbrüster*, NZM 2021, 422 (424).
8 Vgl. *Schack*, Rn. 260.
9 *Armbrüster*, in: MüKoBGB, § 138 Rn. 113.
10 BGHZ 146, 298 (301 f.) = NJW 2001, 1127.

hältnis erkennen. Der BGH stellt insoweit eine tatsächliche Vermutung für die verwerfliche Gesinnung auf, wenn ein besonders grobes Missverhältnis zwischen Leistung und Gegenleistung besteht.[11]

Schlüsseldiensten, die solch hohe Preise verlangen, kann unterstellt werden, dass sie die Verzweiflungssituation der Ausgesperrten bewusst dazu ausnutzen, einen unverhältnismäßig hohen Werklohn zu berechnen. Bei einem derartigen Missverhältnis (200%) wird die verwerfliche Gesinnung vermutet. Eine Widerlegung der Vermutung kommt nicht in Betracht.

4. Zwischenergebnis

Der bestehende Werkvertrag ist nach § 138 Abs. 1 BGB nichtig. **554**

5. Kein Ausschluss nach § 817 S. 2 BGB

Nach § 817 S. 2 BGB ist die Rückforderung ausgeschlossen, wenn Leistender und Leis- **555**
tungsempfänger gegen die guten Sitten i.S.v. § 138 BGB verstoßen. Die Rechtsprechung wendet § 817 S. 2 BGB über seinen Wortlaut hinaus auch auf § 812 Abs. 1 S. 1 Alt. 1 BGB an.[12] Jedoch ist anerkannt, dass § 817 S. 2 BGB dann nicht anzuwenden ist, wenn der Ausschluss des Herausgabeanspruchs mit dem Sittengesetz in Konflikt gerät.[13]

Vorliegend steht der Sittenverstoß zulasten des A und S erscheint mit Blick auf den Erhalt des Geldes nicht schutzwürdig. Die Rückzahlung des Betrags entspricht daher der Schutzrichtung des § 138 BGB. Es besteht daher kein Bedürfnis, den bereicherungsrechtlichen Anspruch auszuschließen.

II. Ergebnis

A hat einen Anspruch auf Herausgabe des Geldes aus § 812 Abs. 1 S. 1 Alt. 1 BGB **556**
gegen S.

B. Abwandlung

I. Anspruch aus § 812 Abs. 1 S. 1 Alt. 1 BGB

A könnte einen Anspruch auf Herausgabe des Geldes aus § 812 Abs. 1 S. 1 Alt. 1 BGB **557**
gegen S haben.

1. Anspruch entstanden

Zunächst müsste der Anspruch entstanden sein. **558**

11 BGH, NJW 1994, 1275 (1276).
12 BGH, NJW 1965, 1585.
13 *Wendehorst*, in: Hau/Poseck, § 817 Rn. 23.

a) Etwas erlangt

559 S hat den Besitz und das Eigentum an den Geldscheinen erlangt, als A sie an den Mitarbeiter übergeben hat. Der Mitarbeiter fungiert als Besitzdiener i.S.v. § 863 BGB.

b) Durch Leistung

560 Dies müsste auch durch eine Leistung geschehen sein. Eine Leistung ist die zweckgerichtete Mehrung fremden Vermögens. Entscheidend dabei ist der objektive Empfängerhorizont.[14] A hat das Eigentum an den Geldscheinen übertragen, um der Verbindlichkeit aus dem geschlossenen Vertrag nachzukommen. S durfte und musste das Verhalten des A als Leistung ansehen. Folglich hat A geleistet.

c) Ohne rechtlichen Grund

561 Die Leistung müsste ohne rechtlichen Grund erfolgt sein. Als Rechtsgrund kommt ein möglicherweise geschlossener Vertrag zwischen A und der Schlüsseldienst GmbH in Betracht.

aa) Vertragsschluss

562 A und S haben einen Werkvertrag gem. § 631 BGB geschlossen.

bb) Nichtigkeit des Vertrags gem. § 138 Abs. 2 BGB

563 Fraglich ist, ob der Darlehensvertrag zwischen A und B wirksam ist. Der Werkvertrag könnte jedoch gem. § 138 Abs. 2 BGB nichtig sein. Dazu müsste es sich um ein wucherisches Rechtsgeschäft gem. § 138 Abs. 2 BGB handeln.

(1) Auffälliges Leistungsmissverhältnis

564 Der Werkvertrag müsste ein auffälliges Leistungsmissverhältnis aufweisen. Dabei kann darauf abgestellt werden, ob das Missverhältnis im konkreten Einzelfall bereits so groß ist, dass die Grenze dessen, was sich nach den gesamten Umständen noch rechtfertigen lässt, überschritten ist.[15] Das ist idR der Fall, wenn der objektive Wert von Leistung und Gegenleistung um etwa 100% oder mehr voneinander abweichen. Der objektive Wert von Leistung und Gegenleistung kann mithilfe eines Marktvergleichs ermittelt werden. Dabei ist das vereinbarte Entgelt dem marktüblichen Preis, also den Forderungen anderer vergleichbarer Marktanbieter, gegenüberzustellen.[16] Hier liegt der objektive Marktwert der Leistung bei 150 Euro. Tatsächlich gezahlt hat A 598 Euro. Eine Abweichung von 100% liegt damit vor, sodass es sich um ein auffälliges Missverhältnis handelt.

(2) Zwangslage

565 Das Ausgesperrtsein könnte eine Zwangslage begründen.[17] Eine solche kann nur angenommen werden, wenn der Ausgesperrte bei Betrachtung der Umstände des Einzelfalls keine

---

14 *Stadler*, in: Jauernig, § 812 Rn. 3.
15 OLG München BeckRS 2014, 10870; vgl. *Schack*, Rn. 256.
16 BGH NJW 2003, 1596 (1597).
17 *Schack*, Rn. 258.

Möglichkeit dazu hat, die verschiedenen Anbieter und Preise zu vergleichen, weil ein gesteigertes Interesse daran besteht, schnellstmöglich Zugang zur Wohnung zu erlangen. Im Gegensatz zum Ausgangsfall liegt nun das neugeborene Kind von A in der Wohnung. Insoweit hat er keine Möglichkeit dazu, durch längere Recherche die unterschiedlichen Schlüsseldienste zu vergleichen. Die Gefahr, in der sich das Kind befindet, begründet ein erhöhtes Interesse daran, schnellstmöglich Zugang zur Wohnung zu erlangen.

Folglich liegt eine Zwangslage i. S. d. § 138 Abs. 2 BGB vor.

(3) Ausbeutung

S müsste A auch in subjektiver Hinsicht ausgebeutet i.S.d. § 138 Abs. 2 BGB haben. **566**
Ausbeutung ist die bewusste Ausnutzung der Situation – hier die Zwangslage – des Bewucherten.[18] Sie setzt zwar nicht Absicht, aber Kenntnis von dem auffälligen Leistungsmissverhältnis und verwerfliche Vorgehensweise voraus, also, dass sich der Wucherer diese Situation vorsätzlich zunutze gemacht hat.[19] Ist objektiv nicht nur ein auffälliges, sondern ein besonders grobes Missverhältnis der Leistungen festzustellen, so spricht eine tatsächliche Vermutung dafür, dass die subjektiven Voraussetzungen erfüllt sind.[20] Ein besonders grobes Missverhältnis kann ab etwa 200% angenommen werden.

Das Missverhältnis zwischen dem gezahlten Preis und dem objektiven Marktpreis beträgt über 200% nämlich 598 Euro zu 150 Euro. Folglich liegt ein auffälliges Missverhältnis vor und das Ausbeuten wird vermutet. Eine Widerlegung der Vermutung kommt nicht in Betracht.

Hinweis: Gesetzliche Vermutungen dienen als Sachverhaltshilfe im Prozess. Dort liegt es grundsätzlich bei den Streitparteien, die für sie günstigen Tatsachen zu beweisen. Die Erbringung dieses Nachweises wird durch das Gesetz mithilfe von Vermutungen erleichtert. **567**

d) Zwischenergebnis

Der Werkvertrag zwischen A und S ist gem. § 138 Abs. 2 BGB nichtig. Mithin fehlt es **568**
am Rechtsgrund i.S.d. § 812 Abs. 1 S. 1 Alt. 1 BGB

e) Kein Ausschluss nach § 817 S. 2 BGB

Nach § 817 S. 2 BGB ist die Rückforderung ausgeschlossen, wenn Leistender und Leis- **569**
tungsempfänger gegen die guten Sitten i.S.v. § 138 BGB verstoßen. Die Rechtsprechung wendet § 817 S. 2 BGB über seinen Wortlaut hinaus auch auf § 812 Abs. 1 S. 1 Alt. 1 BGB an. Jedoch ist anerkannt, dass § 817 S. 2 BGB dann nicht anzuwenden ist, wenn der Ausschluss des Herausgabeanspruchs mit dem Sittengesetz in Konflikt gerät.[21]

18 *Schack*, Rn. 258.
19 BGH NJW 1982, 2767 (2768).
20 BGH NJW-RR 1990, 1199 (1199).
21 *Wendehorst*, in: Hau/Poseck, § 817 Rn. 23.

Wucher ist ein Unterfall des sittenwidrigen Rechtsgeschäfts. Verstoß gegen den Wuchertatbestand geht zulasten des Bewucherten A und S erscheint mit Blick auf den Erhalt des Geldes als Wucherer nicht schutzwürdig. Die Rückzahlung des Betrags entspricht daher der Schutzrichtung des § 138 Abs. 2 BGB. Es besteht daher kein Bedürfnis, den bereicherungsrechtlichen Anspruch auszuschließen.

II. Ergebnis

570 A hat einen Anspruch auf Herausgabe des Geldes aus § 812 Abs. 1 S. 1 Alt. 1 BGB gegen die Schlüsseldienst GmbH.

Vertiefungshinweise

571 *Medicus/Petersen*, Rn. 681 ff.

Armbrüster, „Ausgesperrt!“: Zivil- und strafrechtliche Folgen überhöhter Schlüsseldienst-Entgelte, NZM 2021, 422

Fall 16

Die Stellvertretung

A ist auf der Suche nach einem neuen Auto. Da er beruflich momentan viel um die Ohren hat, bittet er B zum Händler C zu fahren, um dort einen bestimmten gebrauchten VW Polo für 10.000 Euro zu kaufen. Den Polo hatte er bereits zuvor besichtigt, sich aber noch einige Tage Zeit nehmen wollen, um die Kaufentscheidung gründlich zu überdenken. Als B bei C ankommt und erklärt, dass er das Auto für A kaufen wolle, muss er feststellen, dass der gewünschte VW Polo bereits an X verkauft worden ist. B erblickt auf dem Hof von C jedoch einen gebrauchten Porsche für 11.000 Euro. Dieser ist schon etwas in die Jahre gekommen. Der Preis erscheint B – was er zutreffend einschätzt – jedoch als echtes Schnäppchen. B bietet C an, den Wagen für 10.000 Euro für A zu kaufen. C schlägt ein und schickt A einige Tage später die Rechnung. 572

Als A die Rechnung erhält, ist er außer sich, weil er das Auto für zu protzig hält und verweigert die Kaufpreiszahlung.

Frage: Kann C die Kaufpreiszahlung von A verlangen?

Abwandlung

A ist Eigentümer des Porsches und hat diesen an X verliehen. X, der sich in das Auto verliebt hat, möchte A das Auto gerne abkaufen. A ist grundsätzlich nicht abgeneigt und beauftragt B, die Verhandlungen zu führen und jedenfalls einen Kaufpreis von 8.000 Euro zu erzielen und das Auto auch in seinem Namen zu übereignen. B und X einigen sich nach längeren Verhandlungen auf einen Kaufpreis von 8.000 Euro. Da X ohnehin schon im Besitz des Autos und der dazugehörigen Papiere ist, einigen sich B und X darauf, dass dieser das Auto einfach behalten könne.

Als A aus dem Urlaub zurückkommt, hat er es sich anders überlegt und möchte das Auto doch behalten.

Frage: Kann er die Herausgabe aus § 985 BGB verlangen?

Vorüberlegungen

573 Im Wirtschaftsverkehr ist es üblich, rechtserhebliche Handlungen nicht selbst vorzunehmen, sondern sich dafür durch andere Personen vertreten zu lassen. Die Stellvertretung kann deswegen im gesamten Zivilrecht zur Anwendung gelangen. Maßgebliche Normen sind die §§ 164 ff. BGB

Im Rahmen der Stellvertretung sind zwei Verhältnisse zu unterscheiden: Das Verhältnis zwischen Vertretenem und Vertreter sowie das Verhältnis zwischen Vertreter und Dritten. Auch die Wirksamkeit der Verträge sind getrennt voneinander zu Betrachten und damit unabhängig. Das Gesetz ordnet entsprechende Rechtsfolgen in § 179 BGB an.

Die Abwandlung zeigt anschaulich, dass die Regeln der Stellvertretung im allgemeinen Teil des BGB für das gesamte BGB gelten. Da es sich auch bei einer dinglichen Einigung um eine Einigung i.S.v. §§ 145 ff. BGB, kann es auch dabei zu einer Stellvertretung kommen. Dafür gelten dieselben Grundsätze und Prinzipien.

Gliederung

574 **A. Ausgangsfall**

Anspruch aus § 433 Abs. 2 BGB

1. Vertragsschluss
   a) Angebot von A
      aa) Zulässigkeit der Stellvertretung
      bb) Abgabe einer eigenen Willenserklärung
      cc) In fremdem Namen
      dd) Vertretungsmacht
      ee) Zwischenergebnis
   b) Zwischenergebnis
2. Ergebnis

B. Abwandlung

I. Anspruch aus § 985 BGB

1. Eigentümer
   a) Ursprünglicher Eigentümer
   b) Verlust des Eigentums an X gemäß § 929 S. 2 BGB
      aa) Dingliche Einigung
         (1) Zulässigkeit der Stellvertretung
         (2) Eigene Willenserklärung
         (3) In fremdem Namen
         (4) Vertretungsmacht
         (5) Zwischenergebnis
      bb) Anfechtung der Willenserklärung
      cc) Entbehrlichkeit der Übergabe
      dd) Verfügungsbefugnis
      ee) Zwischenergebnis
2. Zwischenergebnis

II. Ergebnis

Musterlösung

A. Ausgangsfall

Anspruch aus § 433 Abs. 2 BGB

C könnte einen Anspruch auf Zahlung des Kaufpreises i.H.v. 10.000 Euro gegen A aus § 433 Abs. 2 BGB haben. **575**

1. Vertragsschluss

Dazu müssten C und A einen wirksamen Kaufvertrag i.S.d. § 433 BGB geschlossen haben. Dies setzt zwei übereinstimmende Willenserklärungen voraus, Antrag und Annahme (vgl. §§ 145 ff. BGB).[1] **576**

a) Angebot von A

A müsste C den Kauf des Porsches angeboten haben. Ein Angebot ist eine empfangsbedürftige Willenserklärung, die alle vertragswesentlichen Bestandteile enthält und durch die der Vertragsschluss einem anderen so angetragen wird, dass das Zustandekommen des Vertrages nur noch von dem Einverständnis des Empfängers abhängt.[2] **577**

A hat selbst jedoch nicht gehandelt, möglicherweise kann ihm die Erklärung des B, das Auto für A kaufen zu wollen, jedoch gem. § 164 Abs. 1 BGB zugerechnet werden. Dazu müsste er als Stellvertreter gehandelt haben.

aa) Zulässigkeit der Stellvertretung

Gründe, die gegen eine Stellvertretung sprechen, sind nicht ersichtlich. Ein Kaufvertrag ist kein höchstpersönliches Rechtsgeschäft, sondern das zentrale Rechtsgeschäft des Wirtschaftsverkehrs. **578**

bb) Abgabe einer eigenen Willenserklärung

B müsste zunächst eine eigene Willenserklärung abgegeben haben. A hat B beauftragt, einen VW Polo für 10.000 Euro zu erwerben. Verhandlungsspielraum hat er ihm dabei nicht eingeräumt. Insoweit könnte B auch als Bote gehandelt haben. Der Bote (§ 120 BGB) gibt im Gegensatz zum Vertreter keine eigene Willenserklärung ab, er übermittelt lediglich eine fremde „fertige" Willenserklärung. Für die Abgrenzung zwischen Stellvertreter und Bote ist jedoch nicht das Innenverhältnis zwischen Handelndem und Auftraggeber maßgeblich. Vielmehr ist dies vom objektiven Empfängerhorizont aus zu beurteilen. Botenschaft liegt daher vor, wenn sich aus der Sicht des Empfängers die Erklärung des Mittlers nicht als dessen eigene darstellt.[3] **579**

---

1 BGH, NJW 2017, 468 (469); *Schack*, Rn. 177.
2 *Schack*, Rn. 180; *Flume*, BGB AT II § 35 I 1 (635).
3 Vgl. *Schubert*, in: MüKoBGB, § 164 Rn. 72; *Schack*, Rn. 463.

B hat C angeboten, den gebrauchten Porsche für 10.000 Euro zu kaufen. Er hat mit C über den Kaufpreis verhandelt. Aus Sicht des C hat B daher eine eigene Willenserklärung abgegeben. Folglich ist B Stellvertreter von A und hat eine eigene Willenserklärung abgegeben.

cc) In fremdem Namen

580 B hat den Porsche ausdrücklich im Namen von A gekauft. Das Offenkundigkeitsprinzip ist deshalb gewahrt.[4]

dd) Vertretungsmacht

581 B müsste auch im Rahmen der Vertretungsmacht gehandelt haben.[5]

In Betracht kommt hier eine rechtsgeschäftliche Vertretungsmacht i.S.d. §§ 166 Abs. 1 S. 1, 167 Abs. 1 BGB. Ob die Willenserklärung eine Bevollmächtigung enthält, ist durch Auslegung über §§ 133, 157, 242 BGB zu ermitteln. Bei der Innenvollmacht ist daher auf den objektiven Empfängerhorizont des Vertreters abzustellen.[6]

A hat B aufgetragen, den VW Polo für 10.000 Euro zu kaufen. Insoweit hat er ihm keinen Spielraum eingeräumt. Auch das Modell hat er hinreichend spezifiziert. Ob es sich im Hinblick auf den Kauf des VW Polo um eine Vollmacht oder eine Botenmacht handelt kann an dieser Stelle jedoch offenbleiben. Für den Kauf des Porsches hat er ihm jedenfalls keine Vertretungsmacht ausgesprochen. B handelte folglich ohne Vertretungsmacht.

ee) Zwischenergebnis

582 B hat A nicht wirksam gem. § 164 Abs. 1 BGB vertreten.

b) Zwischenergebnis

583 A hat kein Angebot abgegeben.

2. Ergebnis

584 A und C haben keinen wirksamen Kaufvertrag i.S.d. § 433 BGB geschlossen. C hat keinen Anspruch auf Zahlung des Kaufpreises i.H.v. 10.000 Euro.

B. Abwandlung

I. Anspruch aus § 985 BGB

585 A könnte von X die Herausgabe des Autos gem. § 985 BGB verlangen.

---

4 *Schack*, Rn. 470.
5 *Schack*, Rn. 459.
6 *Schubert*, in: MüKoBGB, § 167 Rn. 60.

1. Eigentümer

A müsste Eigentümer des Autos sein. **586**

a) Ursprünglicher Eigentümer

Gem. § 1006 Abs. 1 BGB wird zu seinen Gunsten vermutet, dass er ursprünglich Eigen- **587**
tümer war.

b) Verlust des Eigentums an X gemäß § 929 S. 2 BGB

Möglicherweise hat A sein Eigentum aber durch Übereignung gem. § 929 S. 2 BGB **588**
(Übereignung kurzer Hand) an X verloren.

aa) Dingliche Einigung

A und X müssten sich darüber geeinigt haben, dass A dem X das Eigentum überträgt. **589**
Erforderlich ist mithin eine Einigung. Die sog. dingliche Einigung stellt einen Vertrag dar.[7] Dies erfordert zwei übereinstimmende Willenserklärungen (Antrag und Annahme, §§ 145 ff. BGB).[8] A hat jedoch selbst nicht gehandelt. Ihm könnte jedoch die Willenserklärung von B über §§ 164 ff. BGB zugerechnet werden, wenn B den A wirksam vertreten hat.

Hinweis: Die Abwandlung zeigt erneut anschaulich, dass die Vorschriften des Allgemeinen **590**
Teils für das gesamte BGB gelten. Auch bei der Einigung i.S.d. § 929 BGB bedarf es zwei Willenserklärungen. Bei diesen Willenserklärungen gelten wieder die Vorschriften der Rechtsgeschäftslehre. Demnach ist auch hier eine Stellvertretung möglich.

(1) Zulässigkeit der Stellvertretung

Gründe, die gegen eine Stellvertretung sprechen, sind nicht ersichtlich. Eine dingliche **591**
Einigung ist kein höchstpersönliches Rechtsgeschäft, sondern das zentrale Rechtsgeschäft zur Erlangung von Eigentum im Rechtsverkehr.

(2) Eigene Willenserklärung

B und X haben sich darauf geeinigt, dass B dem X das Eigentum am Auto überträgt. **592**
Insoweit liegt eine eigene Willenserklärung des B vor.

(3) Im fremden Namen

B hat das Auto auch ausdrücklich im Namen von A übereignet, sodass das Offenkundig- **593**
keitsprinzip gewahrt wurde.[9]

7 BGH, NJW 1958, 1133 (1134).
8 BGH, NJW 2017, 468 (469); *Schack*, Rn. 177.
9 *Schack*, Rn. 470.

(4) Vertretungsmacht

594 B müsste mit Vertretungsmacht gehandelt haben, also von A zum Abschluss des Rechtsgeschäfts ermächtigt worden sein. A hat B, indem er ihn beauftragte, das Auto zu verkaufen, gem. § 167 Abs. 1 BGB eine Vollmacht erteilt. Hiervon ausgehend stellt sich die Frage, ob die Vollmacht zum Verkauf auch zur Übereignung ermächtigt. Dies ist eine Auslegungsfrage nach §§ 133, 157, 242 BGB. Angesichts der konkreten Konstellation, in der der Erwerber bereits im Besitz der Sache war, liegt es nahe, dass dem Vertreter eine weitreichende Befugnis eingeräumt wurde. Denn in diesem Fall konnte er zugleich und schnell den Kaufvertrag erfüllen. Die Grenzen dieser Vollmacht hat A eingehalten. Folglich handelte B mit Vertretungsmacht.

(5) Zwischenergebnis

595 B hat A wirksam vertreten, als er sich mit X auf die Übertragung des Eigentums geeinigt hat. Eine Einigung i.S.d. § 929 S. 1 BGB liegt vor.

bb) Anfechtung der Willenserklärung

596 Möglicherweise ist die Willenserklärung von A, die Teil des dinglichen Vertrags ist und auf die Übertragung des Eigentums nach § 929 S. 2 BGB gerichtet ist jedoch wegen § 142 Abs. 1 BGB ex tunc nichtig. Schon das Herausgabeverlangen kann insoweit als Anfechtungserklärung verstanden werden.[10] Jedoch müsste auch ein Anfechtungsgrund vorliegen. Weder § 119 BGB noch § 123 BGB sind einschlägig. Vielmehr irrte sich A darüber, dass er überhaupt das Auto verkaufen wollte. Mithin handelt es sich um einen Motivirrtum, einen Irrtum in der Willensbildung.

597 **Hinweis:** Ein weiterer Beweis für die Geltung des Allgemeinen Teils. Die Willenserklärungen der Einigung des § 929 BGB sind ebenso nach § 142 Abs. 1 BGB anfechtbar. Hier fehlt es jedoch an einem Anfechtungsgrund.

Bei der Anfechtung dinglicher Willenserklärungen ist Vorsicht geboten. Die Willenserklärung selbst ist ausschließlich auf die Übertragung des Eigentums gerichtet, sodass er Anfechtungswillige auch dementsprechend Irren muss. Bei § 123 Abs. 1 BGB ist dies nicht so problematisch wie beim Erklärungsirrtum, oder Inhaltsirrtum nach § 119 Abs. 1 BGB.

In einigen wenigen Fällen schlägt der Irrtum bei der Willenserklärung des Verpflichtungsgeschäfts auf die des Verfügungsgeschäfts durch. Insoweit spricht man von Fehleridentität.

Vertiefung: Schack, Rn. 283.

cc) Entbehrlichkeit der Übergabe

598 Indem X bereits in Besitz der Sache ist, ist die Übergabe gem. § 929 S. 2 BGB entbehrlich.

10 *Mansel*, in: Jauernig, § 143 Rn. 2.

dd) Verfügungsbefugnis

Als Eigentümer handelte A mit Verfügungsbefugnis. **599**

ee) Zwischenergebnis

A hat das Eigentum gem. § 929 S. 2 BGB an X verloren. **600**

2. Zwischenergebnis

A ist somit nicht mehr Eigentümer. **601**

II. Ergebnis

A hat somit keinen Herausgabeanspruch gem. § 985 BGB gegen X. **602**

Vertiefungshinweise

Schack, § 18 **603**
Lorenz, JuS 2010, 77
Medicus/Petersen, Rn. 880 ff.

Fall 17

Vollmacht und Rechtsschein

604 A arbeitet seit 2018 im An- und Verkaufsgeschäft für Gebrauchtwaren des B als Reinigungskraft. Der große Laden hat mehrere Verkaufstresen, um die Geschäfte besser abwickeln zu können. In den letzten Wochen hat er sich ab und zu auch hinter einen der Tresen gestellt und mit Kunden einzelne An- und Verkäufe getätigt, insbesondere zeigte er sich besonders geschäftstüchtig bei Schmuck.

Auch am 10.10.2020 begab sich A in das Geschäft, um dort die notwendigen Reinigungsarbeiten auszuführen. Sobald B anderweitig beschäftigt war, spielte er sich, sobald Kunden den Laden betreten, als Verkäufer auf. Das Geld legte er dabei jeweils ordnungsgemäß in die Kasse. B hat davon bisher noch nichts mitbekommen. Zwar ist ihm bereits aufgefallen, dass A den Kunden hin und wieder Kleidungsstücke empfiehlt und dass er sich ab und an auch hinter der Kasse aufhält. Jedoch dachte sich B nichts dabei.

Als Kundin K den Laden betritt, nachdem sie im Schaufenster bereits einen Ring entdeckt hat, der ihr zusagt, hält sie A für einen Verkäufer. Nach einer kurzen Beratung und Preisverhandlung durch A entschließt sich K zum Kauf des Ringes für 500 Euro und wird sich mit A darüber einig.

Kurz bevor A der K den Ring an der Kasse übergibt, schreitet B ein. B verweigert die von K geforderte Herausgabe des Ringes. Der Ring sei, was zutrifft, wesentlich mehr wert.

Kann K von B die Übergabe und Übereignung des Rings verlangen? Eine etwaige Anfechtung ist nicht zur erörtern.

Bearbeitervermerk: Es ist davon auszugehen, dass K weiß, dass B Inhaber des Geschäfts ist. Vorschriften des HGB sind nicht zu prüfen.

Vorüberlegungen

Der Fall verdeutlicht, dass sich eine Vertretungsmacht nicht nur aus Gesetz und Rechtsgeschäft ergeben kann, sondern auch kraft Rechtsschein. Wichtige Voraussetzung ist dafür, dass ein Rechtsschein zurechenbar gesetzt wird und der Dritte insoweit redlich ist, als er auf das Bestehen der Vertretungsmacht vertraut. **605**

Die Rechtscheinvollmachten sind von einer konkludent erklärten Vollmacht abzugrenzen, denn die Vollmachtserteilung bedarf keiner Form. Gerade im Hinblick auf die Duldungsvollmacht kann es dabei zu Schwierigkeiten kommen. Als Faustregel kann gelten, dass eine konkludente Vollmachtserteilung angenommen werden kann, soweit Aufgaben übertragen werden, deren ordnungsgemäße Erfüllung eine bestimmte Vollmacht erfordert.

Gliederung

Anspruch aus § 433 Abs. 1 S. 1 BGB von K gegen B **606**

- **I. Anspruch entstanden**
  - 1. Antrag von B durch das Auslegen des Rings im Schaufenster
    - a) Vorliegen einer Willenserklärung
    - b) Zwischenergebnis
  - 2. Einigung zwischen K und A
    - a) Zulässigkeit der Stellvertretung
    - b) Abgabe einer eigenen Willenserklärung
    - c) In fremdem Namen
    - d) Handeln im Rahmen der Vertretungsmacht
      - aa) Rechtsgeschäftliche Vertretungsmacht
      - bb) Vollmacht kraft Rechtsschein
        - (1) Vorliegen einer Duldungsvollmacht
          - (a) Rechtsgrundlage der Duldungsvollmacht
          - (b) Wiederholtes Auftreten
          - (c) Positive Kenntnis des Vertretenen
          - (d) Zwischenergebnis
        - (2) Vorliegen einer Anscheinsvollmacht
          - (a) Rechtsgrundlage der Anscheinsvollmacht
          - (b) Wiederholtes Auftreten
          - (c) Unkenntnis
          - (d) Kennenmüssen
          - (e) Unterlassen von Gegenmaßnahmen
          - (f) Gutgläubigkeit
          - (g) Zwischenergebnis
        - (3) Zwischenergebnis
      - cc) Zwischenergebnis
    - e) Zwischenergebnis
  - 3. Zwischenergebnis
- **II. Ergebnis**

Musterlösung

Anspruch aus § 433 Abs. 1 S. 1 BGB von K gegen B

607 K könnte gegen B einen Anspruch aus § 433 Abs. 1 S. 1 BGB auf Übergabe und Übereignung des Rings haben.

I. Anspruch entstanden

608 Zunächst müsste der Anspruch entstanden sein. Dazu müssten K und B einen wirksamen Kaufvertrag i.S.d. § 433 BGB geschlossen haben. Dies setzt zwei übereinstimmende Willenserklärungen, Angebot und Annahme (§§ 145 ff. BGB) voraus.[1]

1. Antrag von B durch das Auslegen des Rings im Schaufenster

609 Ein Angebot ist eine empfangsbedürftige Willenserklärung, die alle vertragswesentlichen Bestandteile enthält und durch die der Vertragsschluss einem anderen so angetragen wird, dass das Zustandekommen des Vertrages nur noch von dem Einverständnis des Empfängers abhängt.[2]

a) Vorliegen einer Willenserklärung

610 Eine Willenserklärung ist eine private Willensäußerung, die auf die Erzeugung einer Rechtsfolge gerichtet ist.[3] Sie setzt sich aus einem objektiven und einem subjektiven Tatbestand zusammen.

Der der objektive Tatbestand setzt einen Erklärungstatbestand voraus, der bei objektiver Betrachtung als Ausdruck eines Rechtsbindungswillens verstanden werden kann. Ob sich der Antragende tatsächlich schon vertraglich binden will oder erst Vorabinformationen einholen bzw. Vertragsvorverhandlungen führen möchte, ist durch Auslegung (§§ 133, 157, 242 BGB) zu ermitteln, wobei auf die Sicht eines objektiven Empfängers abzustellen ist.

611 Vorliegend legt B den Ring im Schaufenster aus. Hierin könnte lediglich eine Aufforderung zur Abgabe von Angeboten (invitatio ad offerendum)[4] zu sehen sein. Würde bereits in der Auslage der Sache im Schaufenster ein Angebot vorliegen, müsste B möglicherweise einer unüberschaubaren Anzahl von Verträgen erfüllen, indem er das Zustandekommen des Vertrags nicht in eigener Hand hält. Könnte er diese Verträge nicht erfüllen, sähe er sich einer Vielzahl von Schadensersatzansprüchen ausgesetzt. Umgekehrt hätte er nicht das letzte Wort über den Vertragsschluss und müsste auch Verträge mit offensichtlich zahlungsunfähigen Vertragsparteien eingehen. Es liegt daher näher, dass sich B offenhalten will, mit wem er einen Vertrag abschließen will. Insoweit ist die Auslage der Sache im Schaufenster als Aufforderung von B an die Kunden zu sehen, ein Angebot abzugeben.

---

1 BGH, NJW 2017, 468 (469); *Schack*, Rn. 177.
2 *Schack*, Rn. 180; *Flume*, BGB AT II § 35 I 1 (635).
3 BGH, NJW 2001, 289 (290).
4 *Schack*, Rn. 181; vgl. dazu *Busche*, in: MüKoBGB, § 145 Rn. 10.

Folglich handelt es sich lediglich um eine invitatio ad offerendum, sodass B ohne Rechtsbindungswillen handelte.

b) Zwischenergebnis

Die Auslage des Rings im Schaufenster ist keine Willenserklärung und demnach kein Antrag i.S.d. § 145 BGB dar. **612**

2. Einigung zwischen K und A

Ein Kaufvertrag i.S.d. § 433 BGB könnte jedoch dadurch zustande gekommen sein, dass sich K und A über den Kauf des Ringes zum Preis von 500 Euro geeinigt haben. Eine Einigung liegt insoweit vor. Fraglich ist jedoch, ob die Willenserklärung von A dem B zugerechnet werden kann. Dies setzt eine wirksame Stellvertretung gem. § 164 Abs. 1 BGB voraus. **613**

a) Zulässigkeit der Stellvertretung

Die Stellvertretung durch A ist mangels Höchstpersönlichkeit des Geschäfts zulässig. **614**

b) Abgabe einer eigenen Willenserklärung

A müsste zunächst eine eigene Willenserklärung abgegeben haben. Ob A eine eigene Willenserklärung abgegeben hat, ist aus Sicht eines objektiven Empfängers zu bestimmen. Maßgebliches Kriterium ist dabei, dass der Vertreter eigenständig agiert und keine „vorgefertigte" Willenserklärung abgibt. Ein entscheidendes Indiz dafür ist ein bestehender „Entscheidungsspielraum".[5] Aus Sicht eines objektiven Empfängers übermittelte A eine eigenständige Willenserklärung. Dafür spricht insbesondere, dass K und A kurz über den Kaufpreis verhandelt haben. **615**

A übermittelte aus Sicht eines objektiven Empfängers in der Rolle der K nicht etwa eine „vorgefertigte" Willenserklärung des B, sondern agierte vielmehr eigenständig, d.h. mit Entscheidungsspielraum. Er gab also eine eigene Erklärung ab.

c) In fremdem Namen

Weiterhin müsste A in fremdem Namen gehandelt haben und dies offengelegt haben (Offenkundigkeitsprinzip gemäß § 164 Abs. 2 BGB). K müsste deshalb beim Handeln mit A möglich gewesen sein, die Fremdwirkung des Rechtsgeschäfts zu erkennen. **616**

Problematisch ist, dass A den B während der Verhandlungen nicht ausdrücklich erwähnt hat. Sofern kein ausdrücklicher Hinweis auf die Vertretung durch den Vertreter erfolgt, ist dessen Erklärung anhand der Umstände des konkreten Falls auszulegen (§ 164 Abs. 1 S. 2 BGB). Indem sich das Geschehen im Ladengeschäft von B, einem Schmuckladen abgespielt hat, könnte die Auslegungsregel des sog. „unternehmensbezogenen Geschäfts" zum Zuge kommen: Bei derartigen Rechtsgeschäften, die im Rahmen von deren Unternehmen erfolgen, ist davon auszugehen, dass das Rechtsgeschäft im Namen des Inhabers erfolgt, wenn die konkreten Umstände nichts anderes ergeben (es handelt

5 Vgl. *Schubert*, in: MüKoBGB, § 164 Rn. 72; *Schack*, Rn. 463.

sich dabei um eine Auslegungsregel!).[6] Letztlich ist daher die Willenserklärung von A nach dem objektiven Empfängerhorizont gem. §§ 133, 157, 242 BGB auszulegen. Indem K davon ausgegangen ist, dass A ein Angestellter ist, gibt es keine weiteren Anhaltspunkte, die dafürsprechen, dass aus Sicht des objektiven Empfängerhorizonts angenommen werden durfte, dass K einen Vertrag mit A schließen würden. Vielmehr durfte und musste K den Umständen nach damit rechnen, dass A im Namen von B handelte und ausschließlich dieser Vertragspartner werden sollte.

d) Handeln im Rahmen der Vertretungsmacht

617 Damit die Willenserklärung von A gem. § 164 Abs. 1 S. 1 BGB für und gegen B wirken, müsste A diese innerhalb der ihm zustehenden Vertretungsmacht abgegeben haben. Die Vertretungsmacht kann aus einem Rechtsgeschäft oder aus dem Gesetz herrühren.

aa) Rechtsgeschäftliche Vertretungsmacht

618 Eine Rechtsgeschäftliche Vertretungsmacht i.S.d. § 166 Abs. 2 BGB hatte B dem A nicht erteilt. Insbesondere sein Anstellungsvertrag als Reinigungskraft ermächtigte ihn nicht dazu, Geschäfte mit Kunden abzuwickeln.

Möglicherweise hat B eine solche Vollmacht jedoch konkludent erteilt, indem ihm auffiel, dass A den Kunden hin und wieder Kleidungsstücke empfahl und dass er sich ab und an auch hinter der Kasse aufhielt. Gem. § 167 Abs. 2 BGB ist eine konkludente Vollmachtserteilung grundsätzlich möglich.[7] Ob eine solche vorliegt, ist durch Auslegung des Verhaltens von B zu ermitteln. Typischerweise kann eine konkludente Vollmachtserteilung angenommen werden, soweit Aufgaben übertragen werden, deren ordnungsgemäße Erfüllung eine bestimmte Vollmacht erfordert. Indem B das Tätigwerden von A nicht wirklich realisiert und er diesen auch lediglich als Reinigungskraft angestellt hat, fehlt es an einem derartigen Verhalten. B hat A deshalb weder ausdrücklich noch konkludent eine Vollmacht erteilt.

bb) Vollmacht kraft Rechtsschein

619 In Betracht kommt eine Begründung der Vollmacht nach Rechtsscheingesichtspunkten.

(1) Vorliegen einer Duldungsvollmacht

620 Möglicherweise ergibt sich die Vertretungsmacht von A aus einer Duldungsvollmacht.

(a) Rechtsgrundlage der Duldungsvollmacht

621 Grundsätzlich kann eine Vertretungsmacht nur durch Rechtsgeschäft oder durch Gesetz begründet werden. Es stellt sich daher die Frage, wie die Existenz der Duldungsvollmacht erklärt werden kann. Zum Teil wird die Duldungsvollmacht als ein Unterfall der konkludenten Vollmachtserteilung eingeordnet.[8] Überzeugender ist jedoch ein anderer Ansatz: Die §§ 170 ff. BGB stellen einzelne Rechtsscheintatbestände für das Stellvertre-

---

6 Vgl. BGH, NJW 2008, 1214 (1214); *Schack*, Rn. 472.
7 *Schack*, Rn. 492.
8 Zu den Überschneidungen: *Schubert*, in: MüKoBGB, § 167 Rn. 107.

tungsrecht auf. Sie schützen den Geschäftsgegner in seinem Vertrauen auf ein Vertreterhandeln allerdings nicht abschließend, sodass eine über die gesetzlichen Regelungen hinausgehende vertragliche Haftung denkbar erscheint, soweit jenes Vertrauen im speziellen Fall schutzwürdiger als das Interesse des Geschäftsherrn ist. Für eine Duldungsvollmacht – und damit im Ergebnis eine Vertretungsmacht des Handelnden – ist kennzeichnend, dass der Geschäftsherr es wissentlich geschehen lässt, dass ein anderer für ihn wie ein Vertreter auftritt und der Vertragspartner dieses Dulden dahin versteht und verstehen darf, dass der Handlende bevollmächtigt ist.[9]

(b) Wiederholtes Auftreten

Die Duldungsvollmacht setzt zunächst ein mehrmaliges Auftreten als Vertreter von gewisser Dauer voraus.[10] Dies ist mit Blick auf die wiederholte erfolgreiche Verkaufstätigkeit von A anzunehmen. **622**

(c) Positive Kenntnis des Vertretenen

B müsste des Weiteren positive Kenntnis des Vertretenen von dem Handeln des Vertreters gehabt haben.[11] Zwar fiel B auf, dass A den Kunden hin und wieder Kleidungsstücke empfahl und sich von Zeit zu Zeit hinter der Kasse aufhielt. Er machte sich hierüber jedoch keine weiteren Gedanken. Positive Kenntnis davon, dass A sich als Verkäufer gerierte, hatte sie folglich nicht. **623**

(d) Zwischenergebnis

Eine Duldungsvollmacht scheidet daher aus. **624**

(2) Vorliegen einer Anscheinsvollmacht

Die Vertretungsmacht von A könnte sich jedoch aus einer Anscheinsvollmacht ergeben. In diesem Fall dürfte K nach Treu und Glauben annehmen, der Vertretene billige das Verhalten des Vertreters, indem sie sein Handeln bei Anwendung der pflichtgemäßen Sorgfalt hätte erkennen können. **625**

(a) Rechtsgrundlage der Anscheinsvollmacht

Bei der Anscheinsvollmacht lässt sich die Begründung ihrer Existenz nicht über die Rechtsgeschäftslehre ableiten. Vielmehr hat sie sich im Wege der ständigen Rechtsprechung zu Richterrecht entwickelt. **626**

Die Existenz der Anscheinsvollmacht wird jedoch bestritten.[12] Denn es fehlt in dieser Konstellation gerade an einem Akt rechtsgeschäftlicher Legitimation, wie sie bei der Duldung oder etwa bei Vollmachtsurkunden zum Ausdruck kommt. Außerdem ist die Gutgläubigkeit allein kein Grund, nach außen hin primäre vertragliche Rechte zuzugestehen. Ebenso käme auch eine Haftung aus §§ 280, 311, 249 BGB in Betracht.

---

9 Vgl. *Schack*, Rn. 514; *Schäfer*, in: Hau/Poseck, § 167 Rn. 15 f.
10 BGH, NJW 2004, 2745 (2746).
11 BGH, NJW 2004, 2745 (2746).
12 Vgl. *Schilken*, in: Staudinger, § 167 Rn. 31.

Diese Argumente erscheinen aber überwindbar. Denn es geht bei Vertrauenstatbeständen gerade nicht zwingend um eine rechtsgeschäftliche Bindung, sondern um die Veranlassung eines schutzwürdigen Vertrauens durch den Handelnden. Getragen wird diese Haftung auch durch das dem deutschen Zivilrecht immanente Verkehrsschutzprinzip. Insofern ist die Anscheinsvollmacht anzuerkennen.[13]

(b) Wiederholtes Auftreten

627 Die Anscheinsvollmacht setzt – wie die Duldungsvollmacht – zunächst ein mehrmaliges Auftreten als Vertreter von gewisser Dauer voraus. Dies ist mit Blick auf die wiederholte erfolgreiche Verkaufstätigkeit von A anzunehmen.

(c) Unkenntnis

628 Von dieser Tätigkeit dürfte B keine Kenntnis gehabt haben.[14] B hat das Tätigwerden von A nicht bemerkt.

(d) Kennenmüssen

629 Weiterhin hätte B bei Anwendung der pflichtgemäßen Sorgfalt erkennen können, dass in seinem Namen gehandelt wird.[15] B hat wegen seiner Unaufmerksamkeit das Treiben des A nicht weiterverfolgt.

(e) Unterlassen von Gegenmaßnahmen

630 Darüber hinaus müsste B ein Vorwurf hinsichtlich des Unterlassens von Gegenmaßnahmen zu machen sein.[16] Es wäre ihm ein leichtes gewesen, den A zu Reinigungsarbeiten anzuhalten. Auch hier blieb er untätig.

(f) Gutgläubigkeit

631 Der Geschäftspartner muss schließlich redlich sein und das Rechtsgeschäft im Vertrauen auf die vermeintliche Vollmacht getätigt haben.[17] K kaufte den Ring in dem Glauben, dass A als Verkäufer auftrat, was sie billigerweise auch annehmen durfte, indem sie A schon öfter in dieser Funktion beobachtet hatte.

(g) Zwischenergebnis

632 Folglich liegen die Voraussetzungen der Anscheinsvollmacht vor.

(3) Zwischenergebnis

633 A handelte mit Vertretungsmacht.

13 *Schäfer*, in: Hau/Poseck, § 167 Rn. 17.
14 *Medicus/Petersen*, Rn. 969.
15 *Medicus/Petersen*, Rn. 969.
16 *Medicus/Petersen*, Rn. 969.
17 *Schack*, Rn. 515.

cc) Zwischenergebnis

A hat B wirksam vertreten. Die Willenserklärungen sind B gem. § 164 Abs. 1 BGB zuzurechnen. **634**

e) Zwischenergebnis

A hat sich im Namen von B mit K im Hinblick auf den Kauf des Rings zum Preis von 500 Euro geeinigt. **635**

3. Zwischenergebnis

Der Anspruch auf die Übergabe und Übereignung des Rings aus § 433 Abs. 1 S. 1 BGB ist entstanden. **636**

II. Ergebnis

K hat gegen B einen Anspruch aus § 433 Abs. 1 S. 1 BGB auf Übergabe und Übereignung des Rings. **637**

Vertiefungshinweise

Schack, § 19 **638**

Medicus/Petersen, Rn. 927 ff.

Fall 18

Stellvertretung und Anfechtung

639 A ist schon seit Jahren auf der Suche nach einem neuen Fahrrad. Sie hat dabei ganz bestimmte Vorstellungen darüber, wie das Fahrrad auszusehen hat. Als sie eines Tages von ihrem Bruder B angerufen wird, teilt dieser ihr mit, dass er – was er auch zutreffend einschätzt – das Fahrrad ihrer Träume in einem Fahrradgeschäft des K in der Nachbargemeinde gefunden hat. Nach kurzer Bedenkzeit schreibt sie B folgende SMS:

Lieber B, bitte kauf das Fahrrad für mich. Gib aber dabei nicht mehr als 800 Euro aus. Am besten versuchst du noch den Preis runterzuhandeln. Viele Grüße, A

Dass sie sich dabei vertippt hat, fällt ihr jedoch nicht auf. Eigentlich wollte sie 500 Euro schreiben. Weil sie aber vor Freude schon ihrer besten Freundin von ihrem Glück berichtete, überprüfte sie die Nachricht vor dem Abschicken nicht noch einmal. Daraufhin kauft B das Fahrrad im Namen von A bei K nach längeren Verhandlungen mit einem Rabatt von 10% für 799,99 Euro. Da das Rad noch fahrtüchtig gemacht werden musste, vereinbaren die beiden, dass A das Fahrrad selbst 3 Tage später abholen könne und auch erst bei Abholung bezahlen müsse. Das Rad ist 750 Euro wert.

Als B der A stolz die Rechnung übergibt, ist diese außer sich. Verärgert meint sie, eine Vollmacht für einen Kauf des Fahrrads zum Preis von 799,99 Euro habe sie ihm nie erteilt. Sie habe 500 Euro schreiben wollen. Vorsorglich erklärt sie die Anfechtung der Erklärung. Danach ruft sie sofort bei K an und erklärt diesem, dass sie das Fahrrad auf keinen Fall abnehmen werde und die Vollmacht des B angefochten habe. K ist der Meinung, von A die Zahlung verlangen zu können. Jedenfalls könne er sich sonst wegen der Erfüllung des Vertrags an B wenden.

Frage 1: Kann K die Zahlung von 799,99 Euro von A verlangen?

Frage 2: Angenommen B ist insolvent und K hat einen anderweiten Verkauf i.H.v. 750 Euro unterlassen: kann K von A Schadensersatz verlangen?

Bearbeitervermerk: Ein Anspruch aus §§ 280, 311 Abs. 2, 249 BGB ist nicht zu prüfen.

Vorüberlegungen

Der Fall hat das schwierige Standardproblem der „Anfechtung der bereits ausgeübten Innenvollmacht" zum Inhalt. Es wird eine Vollmacht angefochten, nachdem der Stellvertreter bereits gehandelt hat. Soweit die Vollmacht bereits ausgeübt wurde, hilft dem Vertretenen ein Widerruf der Vollmacht nicht, da dieser für die Zukunft wirkt. Im Gegensatz dazu wirkt die Anfechtung (ex tunc) in die Vergangenheit. Die Beantwortung möglicher Ungerechtigkeiten im Hinblick auf die Verteilung der Insolvenzrisiken bei strikter Gesetzesanwendung sind dabei grundlegende Fragen des Allgemeinen Teils des BGB. **640**

Auch wenn es sich um ein Standardproblem handelt, stellt es für Anfänger ein schwieriges Problem dar. Die Mühe lohnt jedoch. Die Falllösung kann es erheblich zum Gesamtverständnis des BGBs und der Wirkweisen von Rechtsverhältnissen zueinander beitragen.

Gliederung

A. Der Kaufpreis (Frage 1) **641**
Anspruch aus § 433 Abs. 2 BGB
1. Anspruch entstanden
 a) Vertragsschluss
  aa) Willenserklärung von A
   (1) Zulässigkeit der Stellvertretung
   (2) Eigene Willenserklärung
   (3) Im fremden Namen
   (4) Vertretungsmacht
    (a) Vollmacht
    (b) Unwirksamkeit der Vollmacht
     (aa) Anfechtbarkeit der Vollmacht
     (bb) Anfechtungsgrund
     (cc) Anfechtungserklärung
     (dd) Anfechtungsfrist
     (ee) Zwischenergebnis
    (c) Zwischenergebnis
   (5) Zwischenergebnis
  bb) Zwischenergebnis
 b) Zwischenergebnis
2. Ergebnis

B. Ansprüche von K gegen A (Frage 2)
I. Anspruch aus § 122 Abs. 1 BGB
1. Nichtigkeit einer Willenserklärung
2. Anspruchsberechtigung von K
3. Ergebnis

II. Anspruch analog § 122 Abs. 1 BGB
1. Voraussetzungen einer Analogie
   a) Planwidrige Regelungslücke
   b) Vergleichbare Interessenslage
   c) Zwischenergebnis
2. Kein Ausschluss nach § 122 Abs. 2 BGB analog
3. Schaden
4. Ergebnis

Musterlösung

A. Der Kaufpreis (Frage 1)

Anspruch aus § 433 Abs. 2 BGB

K könnte einen Anspruch auf Zahlung der 799,99 Euro gegen A aus § 433 Abs. 2 BGB haben. **642**

1. Anspruch entstanden

Zunächst müsste der Anspruch entstanden sein. **643**

a) Vertragsschluss

Dazu müsste zwischen K und A ein wirksamer Kaufvertrag gem. § 433 BGB zustande gekommen sein. Dies setzt zwei übereinstimmende Willenserklärungen voraus, Angebot und Annahme (§§ 145 ff. BGB).[1] **644**

aa) Willenserklärung von A

A hat selbst nicht gehandelt. Möglicherweise hat B die A wirksam gem. § 164 Abs. 1 S. 1 BGB vertreten. Dies setzt die Abgabe einer eigenen Willenserklärung durch den Vertreter voraus, die offenkundig im Namen des Vertretenen erfolgt und von der Vertretungsmacht gedeckt ist. **645**

(1) Zulässigkeit der Stellvertretung

Mangels Höchstpersönlichkeit des Rechtsgeschäfts ist die Stellvertretung zulässig. **646**

(2) Eigene Willenserklärung

B müsste eine eigene Willenserklärung abgegeben haben. Insoweit ist zu ermitteln, ob B als Bote oder als Stellvertreter gehandelt hat, als er das Fahrrad gekauft hat. Im Unterschied zum Stellvertreter übermittelt der Bote eine fremde Willenserklärung. Zur Bestimmung ist der objektive Empfängerhorizont maßgeblich, also wie der Dritte – hier K – die Erklärung verstehen durfte. Ein entscheidendes Indiz kann ein bestehender Entscheidungs- bzw. Verhandlungsspielraum sein.[2] B hat mit K über den Preis des Fahrrads – sogar erfolgreich – verhandelt. Aus Sicht des K hat B deshalb eine eigene Willenserklärung abgegeben. Mithin hat B eine eigene Willenserklärung abgegeben und ist als Stellvertreter aufgetreten. **647**

(3) Im fremden Namen

B handelte ausdrücklich im Namen von A und vereinbarte sogar mit K, dass A das Fahrrad selbst abholen kann. Das Offenkundigkeitsprinzip ist daher gewahrt. **648**

---

1 BGH, NJW 2017, 468 (469); *Schack*, Rn. 177.
2 *Schack*, Rn. 463.

(4) Vertretungsmacht

649 B müsste auch mit Vertretungsmacht gehandelt haben. Die Vertretungsmacht kann aus dem Gesetz oder aus einem Rechtsgeschäft herrühren.

(a) Vollmacht

650 Die Vertretungsmacht von B könnte sich aus einer Vollmacht i.S.d. § 166 Abs. 2 BGB ergeben. Dazu müsste A dem B gem. § 167 Abs. 1 BGB wirksam eine Vollmacht erteilt haben. A hat B aufgetragen, das Fahrrad zum Preis von maximal 800 Euro zu kaufen. B kommt dabei aus objektiver Sicht ein Ermessensspielraum zu, sodass er nicht nur als Bote agiert.[3] Insoweit hat A den B bevollmächtigt.

(bb) Unwirksamkeit der Vollmacht

651 Möglicherweise ist die Vollmacht aber gem. § 142 Abs. 1 BGB ex tunc als nichtig anzusehen, wenn A die Erteilung der Vollmacht wirksam angefochten hat. Dann hätte B gem. § 177 BGB als Vertreter ohne Vertretungsmacht gehandelt.

(aa) Anfechtbarkeit der Vollmacht

652 Ob eine bereits ausgeübte Innenvollmacht anfechtbar ist, lässt sich unterschiedlich beurteilen.[4] Die Anfechtung der Vollmacht erscheint auf den ersten Blick unbillig, weil der Vertreter nunmehr als Vertreter ohne Vertretungsmacht auftritt, ohne einen Beitrag zu diesem Effekt geleistet zu haben. Weiterhin lässt sich anführen, dass das eigentliche Ziel des Vertretenen oftmals nicht die Beseitigung der Bevollmächtigung sein wird, sondern die Beseitigung der für ihn durch das Vertretergeschäft mit einem Dritten entstandenen Folgen. Die Anfechtung des Vertretergeschäfts ist jedoch nur nach Maßgabe des § 166 Abs. 1 BGB i.V.m. § 119 BGB möglich. Des Weiteren könnte man anführen, dass im Falle der Anfechtung der Innenvollmacht dem Geschäftspartner das Insolvenzrisiko des Vertreters auferlegt wird, der dann rückwirkend als Vertreter ohne Vertretungsmacht über § 179 BGB haftet.

Für die Anfechtbarkeit der bereits ausgeübten Innenvollmacht spricht jedoch zunächst der Wortlaut des § 142 Abs. 1 BGB und die Gesetzessystematik: Anfechtbar sind alle Rechtsgeschäfte. Die Bevollmächtigung des Vertreters ist eine eigene Willenserklärung und stellt ein vom Vertretergeschäft getrenntes Rechtsgeschäft dar. Außerdem erscheint die Haftung des Vertreters nicht außerhalb dessen zu bestehen, was der Gesetzgeber erkannt hat. Denn hat der Vertreter den Mangel der Vertretungsmacht nicht gekannt, so ist er nach § 179 Abs. 2 BGB nur zum Ersatz des Vertrauensschadens verpflichtet. Daraus lässt sich folgern, dass der Vertreter in dieser Situation nicht unbedingt zu schützen ist. Auch der Schutz des Anfechtungsgegners über § 122 Abs. 1 BGB (ggf. analog) spricht dafür.[5]

---

3 Vgl. *Schubert*, in: MüKoBGB, § 164 Rn. 72.
4 Dagegen etwa: *Brox*, JA 1980, 449 (550 f.).
5 *Medicus/Petersen*, Rn. 945.

Es besteht deshalb kein Grund, die Anfechtung der bereits ausgeübten Innenvollmacht gegen den Gesetzeswortlaut als unzulässig zu erachten, soweit die Anfechtungsvoraussetzungen im Übrigen vorliegen.

(bb) Anfechtungsgrund

Die Voraussetzungen der Anfechtung müssten vorliegen. Indem A sich in der SMS, die sie an B geschickt hat, vertippt hat und anstelle von 500 Euro ein Preislimit von 800 Euro angegeben hat, unterlag sie einem Erklärungsirrtum gem. § 119 Abs. 1 Alt. 2 BGB. Ein Anfechtungsgrund liegt folglich vor. **653**

(cc) Anfechtungserklärung

A müsste die Anfechtung auch gem. § 143 Abs. 1 BGB ordnungsgemäß erklärt haben. Fraglich ist in diesem Zusammenhang einzig, wer der richtige Adressat für die Anfechtungserklärung ist. Dies ist bei der betätigten Innenvollmacht umstritten.[6] **654**

Zunächst liegt es nahe, den Vertreter zum Erklärungsgegner zu machen. Er ist nach § 143 Abs. 3 BGB Adressat eines einseitigen Rechtgeschäfts. Nach anderer Ansicht muss die Anfechtung stets gegenüber dem Geschäftsgegner erklärt werden.[7] Es gehe dem Vollmachtgeber letztlich um die Beseitigung der Folgen des Vertretergeschäfts. Andernfalls würde dem Dritten, ohne dass er davon erfahren müsste, ein schon begründeter Anspruch gegen den Vertretenen entzogen.

Teilweise wird vertreten, dass dem Geschäftsherrn ein Wahlrecht zusteht. Dafür spreche der Wortlaut des § 143 Abs. 3 S. 1 BGB „vorzunehmen war" (nicht: vorgenommen worden ist). Außerdem wird eine Parallele zu den Vorschriften über den Widerruf der Vollmacht (§ 168 S. 3 i.V.m. § 167 Abs. 1 BGB) gezogen. Weiterhin wird vertreten, die Anfechtung müsse gegenüber beiden Beteiligten geäußert werden, weil beide ein berechtigtes Klarstellungsinteresse hätten.[8] Unterbleibt die Mitteilung, sei die Anfechtung aber dennoch wirksam. Den Vertretenen könne höchstens eine Haftung für den Schaden treffen, der aus der verspäteten Information entstanden ist. Dies gelte aber nicht für die vom Vertretenen kundgegebene Innenvollmacht i.S.v. § 171 Abs. 1 BGB. Der so entstandene Rechtsschein kann nur durch eine Erklärung gegenüber dem Geschäftsgegner erfolgen. Das Gleiche gelte für die Vorlage einer Vollmachtsurkunde, § 173 BGB. **655**

A hat sowohl gegenüber B als auch gegenüber K erklärt, dass sie von dem Geschäft Abstand nehmen wolle. Sie bringt eindeutig zum Ausdruck, dass sie den Kauf des Fahrrads wegen ihres Willensmangels nicht geltend lassen will. Insoweit kommen alle Ansichten zum gleichen Ergebnis, sodass es eines Streitentscheids nicht bedarf. A hat die Anfechtung der Vollmachtserteilung gegenüber B und K wirksam erklärt.

(dd) Anfechtungsfrist

Auch die Anfechtungsfrist ist gem. § 121 Abs. 1 BGB gewahrt. **656**

---

6 Übersichtlich *Schubert*, in: MüKoBGB, § 167 Rn. 49.
7 *Flume*, BGB AT II, § 315b.
8 Ausführlich: *Petersen*, AcP 201 (2001), S. 375.

(ee) Zwischenergebnis

657 A hat die Vollmachtserteilung wirksam angefochten. Diese ist gem. § 142 Abs. 1 BGB wegen der wirksamen Anfechtung als ex tunc nichtig anzusehen.

(c) Zwischenergebnis

658 B handelte ohne Vertretungsmacht.

(5) Zwischenergebnis

659 B hat A mangels Vertretungsmacht nicht wirksam gem. § 164 Abs. 1 BGB vertreten.

bb) Zwischenergebnis

660 Die Willenserklärung von B kann a infolgedessen nicht zugerechnet werden.

b) Zwischenergebnis

661 Zwischen A und K ist kein Kaufvertrag zustande gekommen.

2. Ergebnis

662 K hat gegen A keinen Anspruch auf Kaufpreiszahlung i.H.v. 799,99 Euro aus § 433 Abs. 2 BGB.

B. Ansprüche von K gegen A (Frage 2)

I. Anspruch aus § 122 Abs. 1 BGB

663 K könnte einen Anspruch aus § 122 Abs. 1 BGB gegen A haben.

1. Nichtigkeit einer Willenserklärung

664 Eine Willenserklärung muss nach § 118 BGB nichtig oder aufgrund der §§ 119, 120 BGB wirksam angefochten worden sein. A hat die Vollmachtserteilung wirksam wegen eines Erklärungsirrtums nach § 119 Abs. 1 Alt. 1 BGB angefochten.

2. Anspruchsberechtigung von K

665 K müsste anspruchsberechtigt sein. Anspruchsberechtigter ist bei einer empfangsbedürftigen Willenserklärung nach dem Wortlaut des § 122 BGB nur der Adressat der angefochtenen Erklärung. Erklärungsgegner dieser Willenserklärung war B. K ist deshalb nicht anspruchsberechtigt nach § 122 Abs. 1 BGB.

3. Ergebnis

666 Ein Anspruch aus § 122 Abs. 1 BGB scheidet daher aus.

II. Anspruch analog § 122 Abs. 1 BGB

In Betracht kommt jedoch ein Schadensersatzanspruch von K gegen A analog § 122 Abs. 1 BGB.[9] **667**

1. Voraussetzungen einer Analogie

Die Analogievoraussetzungen müssten vorliegen. Insoweit müsste es eine planwidrige Regelungslücke und eine vergleichbare Interessenslage geben. **668**

a) Planwidrige Regelungslücke

Dadurch, dass der Gesetzgeber die ausgeübte Innenvollmacht im Gesetz nicht geregelt hat, kann eine solche planwidrige Regelungslücke angenommen werden. **669**

b) Vergleichbare Interessenslage

Auch die Interessenslage müsste vergleichbar sein. § 122 BGB scheitert in der vorliegenden Konstellation daran, dass der Geschädigte nicht Empfänger der Erklärung war. § 122 BGB will denjenigen schützen, der als Geschäftsgegner berechtigterweise auf den Bestand der angefochtenen Willenserklärung vertrauen durfte.[10] Dieser Rechtsgedanke passt zur Konstellation der angefochtenen Innenvollmacht, denn die Anfechtung der Vollmacht begründet letztlich ein Übergriff auf das dem Geschäftsgegner gegenüber vorgenommene Vertretergeschäft. Wegen den §§ 177 ff. BGB ist der Geschäftspartner plötzlich der Solvenz bzw. Insolvenz des Vertreters ausgesetzt. Die Interessenlage ist deshalb vergleichbar. **670**

c) Zwischenergebnis

In der Folge ist K, obgleich nicht Erklärungsgegner der angefochtenen Innenvollmacht, Anspruchsberechtigter i.S.v. § 122 BGB. **671**

2. Kein Ausschluss nach § 122 Abs. 2 BGB analog

Die Schadensersatzpflicht tritt nach § 122 Abs. 2 BGB nicht ein, wenn der Beschädigte den Grund der Nichtigkeit oder der Anfechtbarkeit kannte oder infolge von Fahrlässigkeit nicht kannte (kennen musste). Analog § 122 Abs. 2 BGB ist hier auf K abzustellen. Für ihn war die die Unwirksamkeit bzw. Anfechtbarkeit der Vollmacht (§ 142 Abs. 2 BGB) nicht erkennbar. **672**

3. Schaden

K müsste auch einen Schaden erlitten haben. Ein Schaden ist eine unfreiwillige Einbuße an materiellen oder immateriellen Vermögensgütern.[11] Ohne die Anfechtung der Voll- **673**

9 Zu dieser Lösung: *Schubert*, in: MüKoBGB, § 167 Rn. 54.
10 *Medicus/Petersen*, Rn. 945.
11 Vgl. BGH, NJW 1984, 1950 (1951).

macht müsste K somit ein Mehr an Vermögen im Vergleich zum Ist-Zustand seines Vermögens haben. Allerdings hätte er das Rad nur für den objektive Wert verkaufen können. Da sein Vermögen somit nicht verringert wurde, ist kein Schaden anzunehmen.

4. Ergebnis

674 Ein Anspruch analog § 122 Abs. 1 BGB scheidet aus.

Vertiefungshinweis

675 *Medicus/Petersen*, Rn. 944 f.

Fall 19

Verjährung

676 Am 1.4.2005 kaufte B von A ein Kfz für 15.000 Euro. Während der Verhandlungen täuschte A B über eine zentrale Eigenschaft des Kfz. Am 2.2.2015 zeigte sich dieser Mangel und führt dazu, dass der Wagen komplett ausbrannte. Nachdem ihm die Ursache erläutert worden war, ficht B noch am gleichen Tag den Kaufvertrag via E-Mail an und verlangte die Rückzahlung seines Geldes. In der Folge unternahm er aber keine Maßnahmen der Rechtsverfolgung. Seit dem 1.1.2019 beruft sich A auf Verjährung.

Unterstellen Sie, dass die Voraussetzungen der §§ 812 Abs. 1 S. 1. Alt. 1, 818 Abs. 2 BGB gegeben sind: Kann B die Rückzahlung des Geldes gemäß dieser Normen verlangen?

Vertiefungsfall

Seit 2005 wohnte M bei V zur Miete. Die Wohnung steht im Eigentum des V. 2019 kündigte M das Mietverhältnis, welches im Februar 2020 endete. Bei der abschließenden Besichtigung zeigte sich Schimmelbefall im Bad, welcher darauf zurückgeführt werden konnte, dass M nach dem Duschen nicht und damit auch nicht ordnungsgemäß lüftete. Am 16.1.2020 um 11 Uhr räumte M die Wohnung und übergab V alle Schlüssel.

Der schriftlich verfasste und dem M vor Vertragsschluss vorgelegte Mietvertrag enthielt einen deutlichen Hinweis auf die beigefügten Allgemeinen Vertragsbedingungen für das Mietverhältnis. U.a. findet sich dort folgende Bestimmung:

> *„§ 24 Verjährung*
> *Ersatzansprüche des Vermieters wegen Veränderungen oder Verschlechterungen der Mietsache und Ansprüche des Mieters auf Ersatz von Aufwendungen oder Gestattung der Wegnahme einer Einrichtung verjähren in zwölf Monaten nach Beendigung des Mietverhältnisses.“*

Am 25.9.2020 verlangte V die Beseitigung des Schimmels von M. M hingegen beruft sich auf Verjährung.

Kann V die Beseitigung des Schimmels aus § 823 Abs. 1 BGB verlangen? (lies: § 548 BGB)

Vorüberlegungen

677 Die Verjährung ist unter Studenten ein eher unbeliebtes Problemfeld. Sobald mehrere Daten im Sachverhalt vorkommen – die zusätzlich auch noch mehrerer Monate/Jahre auseinander liegen –, ist Aufmerksamkeit geboten. Die Maßgeblichen Normen im BGB sind die §§ 194 ff. BGB. Der Begriff der Verjährung bezeichnet die Entkräftung eines Anspruchs durch Zeitablauf. Nach Ablauf der entsprechenden Frist ist der verjährte Anspruch zwar nicht erloschen, der Anspruchsverpflichtete hat jedoch das Recht, die Erfüllung des Anspruchs dauerhaft zu verweigern. Die Verjährung begründet eine dauerhafte (sog. peremptorische) Einrede. Diese wird nicht von Amts wegen durch das Gericht geprüft, sondern muss erhoben werden.

Dabei ist Vorsicht geboten auf die etwaigen Rückwirkungen von Erklärungen, sowie auf die entscheidenden Zeitpunkte für die Kenntnis über die Ansprüche. Hier ist dafür im Besonderen der Zeitpunkt aus § 124 BGB maßgeblich, denn die Verjährungsfrist des Anfechtungsrechts beginnt er ab Kenntnis dessen zu laufen.

Die Abwandlung zeigt zudem, dass es neben den §§ 194 ff. BGB auch Spezialvorschriften innerhalb des BGB gibt, die jeweils vorrangig sind, soweit sie einschlägig sind.

Gliederung

678 **A. Ausgangsfall**
- **I. Anspruch entstanden**
- **II. Anspruch untergegangen**
- **III. Anspruch durchsetzbar**
  - 1. Verjährung
    - a) Maßgebliche Verjährungsfrist
    - b) Verjährungsbeginn
      - aa) Anspruchsentstehung
      - bb) Kenntnis
      - cc) Schluss des Jahres
    - c) Ende der Verjährungsfrist
    - d) Keine Hemmung
    - e) Zwischenergebnis
  - 2. Zwischenergebnis
- **IV. Ergebnis**

B. Vertiefungsfall
- **I. Anspruch entstanden**
  - 1. Rechts-/Rechtsgutsverletzung
  - 2. Widerrechtlichkeit
  - 3. Vorsatz/Verschulden
  - 4. Schaden
  - 5. Ergebnis
- **II. Anspruch untergegangen**

III. Anspruch durchsetzbar
- 1. Verjährung
  - a) Maßgebliche Verjährungsfrist
    - aa) Verjährung nach § 548 BGB
    - bb) Vertragliche Regelung
      - (1) Zulässigkeit nach § 202 i.V.m. § 134 BGB
      - (2) Zulässigkeit gemäß §§ 305 ff. BGB
        - (a) Anwendungsbereich der §§ 305 ff. BGB
        - (b) Einbeziehung
        - (c) Inhaltskontrolle
          - (aa) Eröffnung der Inhaltskontrolle
          - (bb) Kontrolle nach § 309 BGB
          - (cc) Kontrolle nach § 308 BGB
          - (dd) Kontrolle nach § 307 Abs. 2 Nr. 2 BGB
          - (ee) Kontrolle nach § 307 Abs. 2 Nr. 1 BGB
      - (3) Ergebnis
    - cc) Ergebnis
  - b) Verjährungsbeginn
  - c) Verjährungsende
  - d) Zwischenergebnis
- 2. Zwischenergebnis

IV. Ergebnis

Musterlösung

A. Ausgangsfall

679 B könnte einen Anspruch auf Rückzahlung des Geldes aus §§ 812 Abs. 1 S. 1 Alt. 1, 818 Abs. 2 BGB haben.

I. Anspruch entstanden

680 Dem Bearbeitervermerk nach sind die Voraussetzungen der §§ 812 Abs. 1 S. 1 Alt. 1, 818 Abs. 2 BGB gegeben.

II. Anspruch untergegangen

681 Der Anspruch ist bislang nicht untergegangen.

III. Anspruch durchsetzbar

682 Er könnte aber nicht mehr durchsetzbar sein.

1. Verjährung

683 Gemäß § 214 BGB kann der Schuldner nach Eintritt der Verjährung die Leistung verweigern.

a) Maßgebliche Verjährungsfrist

684 Der Anspruch aus Leistungskondiktion unterfällt mangels einer Spezialregelung gemäß § 195 BGB der regelmäßigen Verjährung. Da § 812 BGB kein Anspruch ist, der *aus* einem dinglichen Recht resultiert, kommt § 197 Abs. 1 Nr. 2 BGB nicht zum Tragen. Mithin beträgt die Verjährungsfrist drei Jahre.[1]

b) Verjährungsbeginn

685 Nach § 199 Abs. 1 BGB beginnt die regelmäßige Verjährung mit dem Schluss des Jahres, in dem der Anspruch entstanden ist und der Gläubiger von den Anspruch begründenden Umständen und der Person des Schuldners Kenntnis erlangt oder ohne grobe Fahrlässigkeit erlangen müsste.

aa) Anspruchsentstehung

686 Durch die Rückwirkung der Anfechtung gemäß § 142 BGB entstand am 1.4.2005 ein Anspruch aus Rückzahlung des Geldes in Form von Wertersatz nach §§ 812 Abs. 1 S. 1 Alt. 1, 818 BGB.

---

1 *Schack*, Rn. 32.

bb) Kenntnis

Die Täuschung, die zu einem Anfechtungsrecht und damit zur Beseitigung des Kaufvertrags gemäß § 142 BGB ex tunc führte, fand schon am 1.4.2005 statt. Es liegt jedoch im Wesen der Täuschung, dass der Getäuschte gerade keine Kenntnis hatte. Vielmehr wurde B erst am 2.2.2015 erläutert, warum der Wagen ausgebrannt war. Folglich hatte er erst seit diesem Termin Kenntnis von den Anspruch tragenden Tatsachen. **687**

Dafür, dass B vorher ein Vorwurf hinsichtlich des Erkennenkönnens zu machen ist, fehlen die Anhaltspunkte.

cc) Schluss des Jahres

Die Verjährung begann daher mit dem Übergang vom 31.12.2015 zum 1.1.2016. Gemäß § 187 Abs. 1 BGB war der erste Tag der Verjährungsfrist der 1.1.2016. **688**

c) Ende der Verjährungsfrist

Nach § 188 Abs. 2 BGB gilt für eine sog. Jahresfrist, dass die Frist mit dem Ablauf desjenigen Tages der letzten Woche oder des letzten Monats, welcher durch seine Benennung oder seine Zahl dem Tage entspricht, in den das Ereignis oder der Zeitpunkt fällt, der durch seine Benennung oder seine Zahl dem Anfangstag der Frist entspricht. **689**

Addiert man auf den 1.1.2016 drei Jahre, so läuft die Verjährung bis zum 1.1.2019. Allerdings ist für den Beginn der Verjährung der Ablauf des Jahres entscheidend. Somit endete die Verjährungsfrist mit Ablauf des 31.12.2018.

d) Keine Hemmung

Eine Hemmung der Verjährung kommt nicht in Betracht. Verhandlungen i.S.v. § 203 BGB werden nicht durch das Geltendmachen von Ansprüchen ausgelöst. § 204 BGB setzt Maßnahmen der Rechtsverfolgung voraus. § 205 BGB setzt voraus, dass das Leistungsverweigerungsrecht auf einer vertraglichen Grundlage begründet wurde. Ein Neubeginn der Verjährung ist ebenfalls nicht gegeben. **690**

e) Zwischenergebnis

Mithin ist der Anspruch verjährt. A beruft sich zu Recht auf Verjährung. **691**

2. Zwischenergebnis

Der Anspruch ist nicht mehr durchsetzbar. **692**

IV. Ergebnis

B kann die Rückzahlung nicht verlangen. **693**

B. Vertiefungsfall

694 V könnte gegen M einen Anspruch auf Beseitigung des Schimmels nach § 823 Abs. 1 BGB haben.

I. Anspruch entstanden

695 Zunächst müsste ein Anspruch aus § 823 Abs. 1 BGB überhaupt bestehen.

1. Rechts-/Rechtsgutsverletzung

696 Zunächst müsste M das Eigentum des V verletzt haben. Die Wohnung steht im Eigentum des V. Von einem Mieter kann ferner verlangt werden, dass dieser nach dem Duschen für eine ordentliche Luftzuvor sorgt. Ihn trifft eine Sicherungspflicht hinsichtlich des sachgemäßen Lüftens. Das Unterlassen dieser führt zum Schimmelbefall und folglich zur Verletzung des Eigentums des V.

2. Widerrechtlichkeit

697 Die Eigentumsverletzung indiziert die Widerrechtlichkeit.[2]

3. Vorsatz/Verschulden

698 Ferner handelte M fahrlässig i.S.v. § 276 Abs. 2 BGB als er nicht ordnungsgemäß lüftete.

4. Schaden

699 Der Schaden besteht zunächst in Form des Schimmels per se.

5. Ergebnis

700 Schadensersatz ist daher in Form der Beseitigung des Schimmels zu leisten.

II. Anspruch untergegangen

701 Der Anspruch ist bislang nicht untergegangen.

III. Anspruch durchsetzbar

702 Er könnte aber nicht mehr durchsetzbar sein.

1. Verjährung

703 Gemäß § 214 BGB kann der Schuldner nach Eintritt der Verjährung die Leistung verweigern.[3]

---

2 *Förster*, in: Hau/Poseck, § 823 Rn. 17.
3 *Schack*, Rn. 30.

a) Maßgebliche Verjährungsfrist

Zunächst ist zu klären, welche Verjährungsregeln auf den Anspruch Anwendung finden. **704**

aa) Verjährung nach § 548 BGB

Grundsätzlich verjährt der Anspruch aus § 823 Abs. 1 BGB nach der regelmäßigen Verjährungsfrist von drei Jahren nach § 195 BGB.[4] Nach § 548 Abs. 1 S. 1 BGB verjähren allerdings die Ersatzansprüche des Vermieters wegen Veränderungen oder Verschlechterungen der Mietsache nach sechs Monaten. Die Norm verdrängt in ihrem Anwendungsbereich die regelmäßige Verjährung. **705**

Als Norm des Vertragsrechts läge es eigentlich nahe, dass sich § 548 BGB nur auf vertragliche Ansprüche bezieht. Der Zweck des § 548 BGB besteht aber darin, die mit der Beendigung eines Gebrauchsüberlassungsverhältnisses verbundenen Ansprüche einer beschleunigten Klärung zuzuführen. Daher ist der Anwendungsbereich der Norm weit zu fassen. Auch Ansprüche aus § 823 Abs. 1 BGB sind somit erfasst.

bb) Vertragliche Regelung

Nach § 24 des Mietvertrags soll die Verjährungsfrist jedoch abweichend von § 548 BGB zwölf Monate betragen. **706**

(1) Zulässigkeit nach § 202 i.V.m. § 134 BGB

§ 202 BGB stellt ein Verbotsgesetz dar. Verstöße gegen § 202 BGB sind nach § 134 BGB unwirksam. **707**

§ 202 Abs. 1 BGB verbietet eine verjährungserleichternde Vereinbarung für die Haftung wegen Vorsatzes im Voraus zu treffen. Diese Vorschrift ergänzt den allgemeinen Grundsatz des § 276 Abs. 3 BGB, wonach die Haftung wegen Vorsatzes dem Schuldner nicht im Voraus erlassen werden kann.

Im Lichte des § 548 BGB enthält § 24 keine Verjährungserleichterung, sondern verlängert die Verjährung. Das erschwert die Verjährung. Für diesen Fall sieht § 202 Abs. 2 BGB vor, dass eine Erschwerung der Verjährung nicht über eine Verjährungsfrist von 30 Jahren ab dem gesetzlichen Verjährungsbeginn hinaus erschwert werden darf. § 24 verlängert die Verjährungsfrist aber nur über sechs Monate hinaus. Insgesamt verstößt die Klausel daher nicht gegen § 202 BGB.

(2) Zulässigkeit gemäß §§ 305 ff. BGB

Die Klausel könnte jedoch gemäß der §§ 305 ff. BGB unwirksam sein. **708**

(a) Anwendungsbereich der §§ 305 ff. BGB

Laut Sachverhalt liegt eine Allgemeine Geschäftsbedingung (§ 305 Abs. 1 S. 1 BGB) vor. Eine Bereichsausnahme nach § 310 Abs. 4 S. 1 BGB ist nicht gegeben. Somit ist die AGB-Kontrolle eröffnet. **709**

4 *Schack*, Rn. 32.

(b) Einbeziehung

710 Zunächst müsste die AGB gemäß § 305 Abs. 2 BGB wirksam einbezogen worden sein. Die Norm statuiert drei Voraussetzungen: einen Hinweis auf die AGB, die Kenntnisnahmemöglichkeit und die Zustimmung des Vertragspartners. Laut Sachverhalt enthielt der Mietvertrag einen Hinweis auf die AGB. Ferner waren die Vertragsbedingungen beigefügt, so dass M von ihrem Inhalt Kenntnis nehmen konnte. Schließlich lässt sich aus dem Bewohnen der Wohnung gemäß §§ 133, 157, 242 BGB folgern, dass M den AGB zugestimmt hat.

(c) Inhaltskontrolle

711 Weiterhin müssten § 24 auch nach § 307 Abs. 1 BGB wirksam sein.

(aa) Eröffnung der Inhaltskontrolle

712 Nach § 307 Abs. 3 S. 1 BGB findet keine Inhaltskontrolle bei deklaratorischen Regelungen oder hinsichtlich der Festlegung der Hauptleistungspflichten statt. Eine Verjährungsregel regelt indes nicht die Hauptleistungsflicht, sondern nur die Frage der zeitlichen Geltendmachung. Insofern liegt eine typische Nebenbestimmung vor.

(bb) Kontrolle nach § 309 BGB

713 Ein Klauselverbot ohne Wertungsmöglichkeit erscheint vorliegend nicht eröffnet.

(cc) Kontrolle nach § 308 BGB

714 Ein Klauselverbot mit Wertungsmöglichkeit erscheint vorliegend nicht eröffnet.

(dd) Kontrolle nach § 307 Abs. 2 Nr. 2 BGB

715 § 24 regelt keine Kardinalpflicht und ist somit nicht nach § 307 Abs. 2 Nr. 2 BGB unwirksam.

(ee) Kontrolle nach § 307 Abs. 2 Nr. 1 BGB

716 Jedoch könnte die Klausel von einem wesentlichen Grundgedanken des § 548 BGB abweichen.

Ob eine Formularbestimmung mit wesentlichen Grundgedanken der gesetzlichen Regelung (hier: § 548 BGB), von der sie abweicht, vereinbar ist oder nicht, beurteilt sich maßgeblich danach, ob die gesetzliche Regelung auf den Interessen beider Parteien berücksichtigenden Gerechtigkeitserwägungen beruht oder reinen Zweckmäßigkeitserwägungen folgt. Denn verdanken Vorschriften des dispositiven Rechts ihre Entstehung einem sich aus der Natur der Sache ergebenden Gerechtigkeitsgebot, so müssen bei einer abweichenden Regelung durch AGB regelmäßig Gründe vorliegen, die für die von ihnen zu regelnden Fälle das dem dispositiven Recht zugrunde liegende Gerechtigkeitsgebot infrage stellen.[5]

---

5 Vgl. *Wurmnest*, in: MüKoBGB, § 307 Rn. 70.

Das Institut der Verjährung hat den Zweck, dem Rechtsfrieden und der Sicherheit des Rechtsverkehrs dadurch zu dienen, dass die Anspruchsberechtigten genötigt werden, ihre Ansprüche alsbald geltend zu machen, weil nach Ablauf der Verjährungsfrist die Möglichkeit ihrer gerichtlichen Durchsetzbarkeit entfällt, wenn der Anspruchsgegner sich auf die Verjährung beruft. Hierin erblickt insbesondere die Rechtsprechung einen hohen Gerechtigkeitsgehalt.[6] **717**

Vorliegend ist schon nicht ersichtlich, dass die Verlängerung der Verjährungsfrist für die Ansprüche des Vermieters sachlich gerechtfertigt ist. Der Vermieter wird durch die Rückgabe der Mietsache, an die das Gesetz den Verjährungsbeginn für dessen Ansprüche anknüpft, in die Lage versetzt, sich Klarheit darüber zu verschaffen, ob ihm gegen den Mieter Ansprüche wegen Verschlechterung oder Veränderung der Mietsache zustehen und er diese durchsetzen oder gegebenenfalls innerhalb der sechsmonatigen Verjährungsfrist erforderliche verjährungshemmende Maßnahmen ergreifen will. Es ist nicht ersichtlich, dass diese Prüfung nicht regelmäßig in der vom Gesetz vorgesehenen Verjährungsfrist von sechs Monaten vorgenommen werden kann. Vielmehr besteht gerade ein Interesse des Mieters an der raschen Abwicklung, immerhin kann der Mieter nicht mehr auf die Mietsache zurückgreifen und insbesondre keine beweissichernden Feststellungen mehr treffen. Auch der Sinn und Zweck des § 548 BGB ist auf eine rasche Klärung der Rechtslage gerichtet. **718**

Daraus folgt, dass eine formularvertragliche Erschwerung der Verjährung durch eine Verlängerung der Verjährungsfrist über sechs Monate hinaus weder sachgerecht noch mit dem dargestellten gesetzgeberischen Anliegen nach einer möglichst raschen Klärung der gegenseitigen Ansprüche zu vereinbaren ist.

(3) Ergebnis

Mithin ist § 24 des Mietvertrags unwirksam. **719**

cc) Ergebnis

Die Verjährung bestimmt sich somit allein nach § 548 BGB. Die Verjährungsfrist beträgt sechs Monate. **720**

b) Verjährungsbeginn

Sog. unregelmäßige Verjährungsfristen beginnen nach § 200 BGB grundsätzlich mit der Entstehung des Anspruchs. Das wäre im Falle des § 823 Abs. 1 BGB das Entstehen des Schimmelbefalls. Hiervon weicht jedoch § 548 Abs. 1 S. 2 BGB ab. Maßgeblich ist demnach die Rückgabe der Mietsache. Dies geschah am 16.1.2020. **721**

Eigentlich endete der Mietvertrag erst im Februar. Nach dem Wortlaut beginnt die Verjährung jedoch auch, wenn die Mietsache früher zurückgegeben wurde. Dieses Ergebnis erscheint auch sachgerecht. Mit der Rückgabe der Mietsache kann sich der Vermieter ein Bild von dem Zustand der Mietsache machen und die Anspruchsdurchsetzung in die Wege leiten.

---

6 BGH, BeckRS 2017, 120478.

Da § 548 BGB auf die Rückgabe abstellt, liegt eine sog. Ereignisfrist vor. Nach § 187 Abs. 1 BGB beginnt die Verjährungsfrist nicht am 16.1.2020, sondern erst am 17.1.2020. Die Uhrzeit ist grundsätzlich irrelevant. Die Regeln der §§ 187 ff. BGB folgen dem Prinzip der Zivilkomputation.

c) Verjährungsende

722 Somit endete die Verjährungsfrist nach § 548 BGB mit dem Ablauf des 16.7.2020 (§ 188 Abs. 1 i.V.m. § 188 Abs. 2 BGB). Eine Hemmung oder gar ein Neubeginn sind nicht ersichtlich.

d) Zwischenergebnis

723 Somit beruft sich V zu Recht auf Verjährung.

2. Zwischenergebnis

724 Der Anspruch ist nicht durchsetzbar.

IV. Ergebnis

725 V kann von M nicht die Beseitigung des Schimmels nach § 823 Abs. 1 BGB verlangen.

Vertiefungshinweise

726 *Schack*, Rn. 29 ff; § 14
Medicus/Petersen, Rn. 99 ff.

Fall 20

Originalklausur

Der 17-jährige Alois Adalbert (A) beabsichtigt von dem Taschengeld, welches er von seinen Eltern erhalten hat, einen neuen Pullover für die Wintermonate zu erwerben. Kurz vor dem angedrohten Lockdown sucht er daher eine kleine Boutique in der Wiesbadener Innenstadt auf. Die Boutique gehört Burkhard Beregard (B). Als A den Raum betritt, wendet sich A direkt an B und betont, dass er einen Pullover kaufen wolle. B verweist ihn daraufhin auf ein Regal mit einer Lieferung neuer Kleidungstücke. **727**

Dort wird A sofort fündig. Ein feiner Kaschmirpullover hat es ihm angetan. B hatte dieses dort zwei Stunden zuvor hingelegt und mit einem Preisschild versehen. Dieses Schild wies einen Preis von 100 Euro aus. Der Wert des Pullovers beträgt 90 Euro. Leider löste sich das Preisschild zwischenzeitlich und B befestigte ein neues Preisschild auf dem Pullover, welches 80 Euro als Preis auswies. Den Fehler bemerkte B allerdings nicht. A sah daher nur das Preisschild, welches 80 Euro auswies.

Über den günstigen Preis erfreut, ging A mit dem Pullover zur Kasse und betonte, dass er diesen Pullover kaufen wolle. B nickte und gab den Betrag von 80 Euro in die Kasse ein, nahm das Geld entgegen und händigte A den Kassenbon aus. Als B dann auch den Pullover an A übergeben wollte, fiel B der alte Preis wieder ein und er behielt das Kleidungsstück in seinen Händen. Bis zu diesem Zeitpunkt hatte er keine Vorstellung über den höheren Preis und ging auch davon aus, dass der Preis i.H.v. 80 Euro der richtige Preis sei. Daher forderte B A zur Nachzahlung von 20 Euro. Dies wies A zurück. Darauf erklärte B: „Gut, dann fechte ich den Vertrag an, weil ich mich mit dem Preis vertan habe!"

Frage 1: Kann B Zahlung der zusätzlichen 20 Euro verlangen?

Frage 2: Kann A Übereignung des Pullovers verlangen?

Vorüberlegung

728 Der vorliegende Fall stellt eine mittelschwere Originalklausur aus dem 1. Semester nach der Vorlesung BGB-AT dar. Er enthält einige Standardprobleme aus dem Allgemeinen Teil und war für Anfänger nicht einfach aufzubauen.

Schwierigkeiten hatten die Bearbeiter bei der Beurteilung des Zeitpunkts des Irrtums und der korrekten Prüfung der Irrtümer. Viele Bearbeiter haben den Preis für eine wesentliche Eigenschaft der Sache erachtet, was angesichts der klassischen Definition der Eigenschaft nur schwer vertretbar ist.

Wichtig war es, sich die Zeitpunkte der Fehlvorstellungen vor Augen zu führen. Auch wenn sich der Verkäufer bei der Platzierung des Preises geirrt hat, hat er keine konkrete Fehlvorstellung im Zeitpunkt des Vertragsschlusses.

Gliederung

729 **A. Der Anspruch auf Zahlung der 20 Euro (Frage 1)**
Anspruch entstanden
1. Angebot durch A
2. Angebot durch das Auslegen des Pullovers durch B
3. Angebot durch das Vorlegen an der Kasse
   a) Willenserklärung
   b) Bestimmtheit
   c) Zugang
   d) beschränkte Geschäftsfähigkeit des A
      aa) Rechtlicher Vorteil
      bb) Einwilligung
      cc) Zwischenergebnis
   e) Ergebnis
4. Annahme durch B
5. Ergebnis

B. Der Anspruch auf Übereignung des Pullovers (Frage 2)
I. Anspruch entstanden
II. Anspruch untergegangen
1. Zulässigkeit der Anfechtung
2. Anfechtungsgrund
   a) Inhaltsirrtum
   b) Erklärungsirrtum
   c) Eigenschaftsirrtum
   d) Ergebnis
3. Ergebnis

III. Ergebnis

Musterlösung

A. Der Anspruch auf Zahlung der 20 Euro (Frage 1)

B könnte gegen A einen Anspruch auf Zahlung der 20 Euro aus § 433 Abs. 2 BGB haben. **730**

Anspruch entstanden

Das setzt voraus, dass beide einen Kaufvertrag mit einem Preis über diese Höhe (100 Euro) geschlossen haben. Ein Vertrag setzt zwei übereinstimmende Willensklärungen voraus, hier: Angebot und Annahme.[1] **731**

1. Angebot durch A

Zunächst könnte in dem Bekunden des Willens, einen Pullover kaufen zu wollen, ein Angebot zu sehen sein. Ein Angebot ist eine empfangsbedürftige Willenserklärung, die den Inhalt des Vertrages so weit konkretisiert, dass der Empfänger durch bloße Zustimmung den Vertrag zustande bringen kann.[2] Die Angebotsqualität ist durch Auslegung zu gewinnen, §§ 133, 157, 242 BGB. Als Willenserklärung, i.e. eine private Willensäußerung, die auf die Erzeugung einer Rechtsfolge gerichtet ist, gelten die Grundsätze über die Auslegung von Willenserklärungen auch beim Angebot. Die objektive Auslegung des Verhaltens legt es nahe, dass A hier noch kein bindendes Angebot abgeben wollte, sondern vielmehr nur eine Willensäußerung abgegeben hat. **732**

Hinweis: Dieser Punkt ist evident und kann daher im Urteilsstil behandelt werden. Dann können vertiefte Ausführungen zur Definition später erfolgen. **733**

2. Angebot durch das Auslegen des Pullovers durch B

Weiterhin könnte im Auslegen des Pullovers durch B ein Angebot zu sehen sein (zur Definition s.o.). Es stellt sich jedoch auch hier die Frage, ob ein Rechtsbindungswille vorliegt. Ein Ladenbesitzer wird grundsätzlich über das Zustandekommen eines Vertrages über seine Sachen das letzte Wort haben wollen, er wird sich aussuchen mit wem er einen Vertag schließt. Immerhin trägt er das Risiko, dass der andere Teil des Vertrags sich an der Kasse als zahlungsunfähig erweist. Insofern ist ein Rechtsbindungswille abzulehnen. Es liegt bloß eine invitatio ad offerendum vor.[3] **734**

3. Angebot durch das Vorlegen an der Kasse

Des Weiteren kommt ein Angebot durch A in Betracht. Indem A den Pullover zur Kasse bringt, könnte hierin ein Angebot nach §§ 145 ff. BGB zu sehen sein. Ein Angebot ist eine empfangsbedürftige Willenserklärung, die alle vertragswesentlichen Bestandteile **735**

1 BGH, NJW 2017, 468 (469); *Schack*, Rn. 177.
2 *Schack*, Rn. 180.
3 *Schack*, Rn. 181.

enthält und durch die der Vertragsschluss einem anderen so angetragen wird, dass das Zustandekommen des Vertrages nur noch von dem Einverständnis des Empfängers abhängt.[4]

a) Willenserklärung

736 Aus der Sicht eines objektiven Beobachters stellt sich das Verhalten so dar, als wolle A den Pullover mit Rechtsbindungswillen kaufen. Auch die subjektiven Elemente einer Willenserklärung, Handlungswille, Erklärungsbewusstsein und Geschäftswille, liegen vor.[5]

b) Bestimmtheit

737 Es stellt sich jedoch die Frage, welchen Inhalt dieses Angebot hatte. Der Inhalt der Erklärung ist durch Auslegung zu gewinnen, §§ 133, 157, 242 BGB. hat.

738 **Hinweis:** Die Willenserklärung kann auch schon im Rahmen der Prüfung des objektiven Tatbestandes ausgelegt werden.

739 Wenn der potenzielle Käufer mit einer Sache, an der ein Kaufpreis fixiert ist, zur Kasse geht, macht er im Lichte des objektiven Empfängerhorizonts ein Angebot in dieser Höhe. Problematisch erscheint, dass der Pullover vormals höher ausgepreist war und dies objektiv erkennbar war. Zwei Argumente sprechen jedoch zwingend gegen eine Berücksichtigung des älteren Preises. Aus objektiver Betrachtung stellt das Austauschen der Preisschilder schlicht eine Preissenkung dar. Zudem ist für den objektiven Empfängerhorizont der Zeitpunkt des Vertragsschlusses maßgeblich. Eine längere Übung kann über den Gesichtspunkt der Verkehrssitte berücksichtigt werden. Eine solche ist vorliegend jedoch nicht ersichtlich.

Folglich hat A nur ein Angebot i.H.v. 80 Euro abgegeben.

740 **Hinweis:** Wer hier die Prüfung – aufbautechnisch vertretbar – abbricht, muss die folgende Prüfung bei der Frage 2 erörtern.

c) Zugang

741 Als empfangsbedürftige Willenserklärung muss ein Angebot auch zugehen i.S.v. § 130 BGB. Das Verhalten des A gegenüber B ist als nicht verkörperte Willenserklärung unter Anwesenden einzuordnen. In diesem Fall wendet die herrschende Meinung nicht die Empfangstheorie oder gar eine strenge Vernehmungstheorie an. Vielmehr wendet sie die sog. eingeschränkte Vernehmungstheorie an.[6] Da B aber A richtig verstanden hat, ist die Erklärung auch zugegangen.

---

4 *Schack*, Rn. 180; *Flume*, BGB AT II § 35 I 1 (635).
5 *Schack*, Rn. 203.
6 *Schack*, Rn. 187.

d) beschränkte Geschäftsfähigkeit des A

Nach §§ 106, 107 BGB bedarf eine Willenserklärung eines Minderjährigen, durch die er nicht lediglich einen rechtlichen Vorteil erlangt, der Einwilligung seines gesetzlichen Vertreters. Ohne diese ist das Geschäft schwebend unwirksam. **742**

aa) Rechtlicher Vorteil

Da der Wert des Pullovers 90 Euro beträgt, A aber eine Willenserklärung über 80 Euro abgibt, stellt sich das Rechtsgeschäft als wirtschaftlich vorteilhaft dar. Dies genügt indes nicht. Der Wortlaut des § 107 BGB verlangt einen rechtlichen Vorteil. Damit ist ein rein wirtschaftlicher Vorteil vom Anwendungsbereich der Norm ausgeschlossen.[7] Da ein Kaufvertrag auch die Pflicht enthält, den Kaufpreis zu zahlen (§ 433 Abs. 2 BGB), bringt die Willenserklärung dem A nicht lediglich einen rechtlichen Vorteil. **743**

bb) Einwilligung

Jedoch könnte A mit Einwilligung seiner Eltern (§§ 1629, 1629 BGB) den Vertrag geschlossen haben. Der Sachverhalt enthält hierzu nur die Angabe, dass A das Geschäft von einem Taschengeld bezahlen wollte. Nach § 110 BGB gilt ein von dem Minderjährigen geschlossener Vertrag als von Anfang an wirksam, wenn der Minderjährige die vertragsmäßige Leistung mit seinem Taschengeld bewirkt hat. Zwar ist umstritten, ob § 110 BGB eine konkludente Einwilligung oder eine objektive Erweiterung der Rechtsmacht durch Erfüllung darstellt.[8] Dieser Streit braucht vorliegend jedoch nicht entschieden zu werden, da A das Geld übergeben hat und somit die Kaufpreiszahlung bewirkt hat. **744**

cc) Zwischenergebnis

Folglich ist die Willenserklärung nicht nach §§ 106, 107 BGB unwirksam. **745**

e) Ergebnis

Folglich liegt (nur) ein Angebot i.H.v. 80 Euro vor. **746**

4. Annahme durch B

Dieses Angebot müsste B angenommen haben. Eine Annahme ist eine empfangsbedürftige Willenserklärung, in der ein vorbehaltloses Einverständnis mit dem Angebot zum Ausdruck kommt.[9] Im Verbuchen des Preises liegt eine solche Annahmeerklärung. Zu erwägen ist, erst im Überreichen des Pullovers eine solche Annahmeerklärung zu sehen. Die Übergabe ist jedoch für die Übertragung nach § 929 S. 1 BGB, es liegt daher nahe, dass der Vertrag an der Kasse zustande kommt, jedoch bereits bzw. spätestens mit dem Entgegennehmen des Geldes geschlossen wurde. **747**

---

7 *Schack*, Rn. 191.
8 *Schack*, Rn. 193.
9 *Schack*, Rn. 182.

5. Ergebnis

748 Es liegt ein Vertragsschluss über 80 Euro vor. B kann nicht von A Zahlung der weiteren 20 Euro verlangen.

B. Der Anspruch auf Übereignung des Pullovers (Frage 2)

749 A könnte gegen B einen Anspruch auf Übereignung des Pullovers nach § 433 Abs. 1 S. 1 BGB haben.

I. Anspruch entstanden

750 Nach dem zur Frage 1 Gesagtem, schlossen A und B einen Kaufvertrag über den Pullover zu 80 Euro. Aus § 433 Abs. 1 S. 1 BGB folgt daher grundsätzlich die Pflicht zu übereignen.

II. Anspruch untergegangen

751 Jedoch könnte der Anspruch nach § 142 Abs. 1 BGB ex tunc untergegangen sein, wenn B den Vertrag wirksam angefochten hat.

1. Zulässigkeit der Anfechtung

752 Gegen die Zulässigkeit der Anfechtung spricht vorliegend nichts.

2. Anfechtungsgrund

753 Weiterhin müsste ein Anfechtungsgrund bestehen.

a) Inhaltsirrtum

754 Für einen Inhaltsirrtum gemäß 119 Abs. 1 Alt. 1 BGB ist erforderlich, dass das objektiv Erklärte mit dem Geschäftswillen des Erklärenden nicht übereinstimmt.[10] Als A und B den Kaufvertrag abschlossen, ging B von einem Preis i.H.v. 80 Euro aus. Somit lag kein Inhaltsirrtum vor. Ein vorher verursachter Irrtum hat nur dann Relevanz, wenn er bis zum Vertragsschluss fortdauert.[11]

b) Erklärungsirrtum

755 Es stellt sich weiterhin die Frage, ob ein Erklärungsirrtum vorlegen hat. Bei einem Erklärungsirrtum gemäß § 119 Abs. 1 Alt. 2 BGB ist erforderlich, dass der hervorgerufene Erklärungstatbestand nicht dem Willen des Erklärenden entspricht. Das ist der Fall beim Verschreiben, Vertippen oder Versprechen.[12] B gab aber keinen falschen Preis in die Kasse ein. Insofern scheidet ein Erklärungsirrtum aus.

10 *Schack*, Rn. 215.
11 BGH, NJW 2005, 976 (977) zum Vertragsschluss im Internet.
12 *Mansel*, in: Jauernig, § 119 Rn. 6.

c) Eigenschaftsirrtum

Jedoch kommt ein Eigenschaftsirrtum nach § 119 Abs. 2 BGB in Betracht. **756**

Ob nur solche Eigenschaften erfasst sind, die im Geschäftswillen angelegt waren oder auch solche, die auf bloße Motive zurückzuführen sind, muss vorliegend nicht entschieden werden, da der Preis ein wesentlicher Vertragsbestandteil für den Kaufvertrag ist.[13]

Jedoch stellt sich grundlegend die Frage, ob der Preis eine Eigenschaft darstellen kann. Eigenschaften sind neben den auf der natürlichen Beschaffenheit beruhenden Merkmalen auch tatsächliche oder rechtliche Verhältnisse und Beziehungen zur Umwelt, soweit sie nach der Verkehrsanschauung für die Wertschätzung oder Verwendbarkeit von Bedeutung sind.[14]

Das schließt es aber nach der Logik aus, dass der Preis selbst eine Eigenschaft darstellen kann.

d) Ergebnis

Mithin fehlt es an einem Anfechtungsgrund. **757**

3. Ergebnis

Somit geht die Erklärung der Anfechtung von A ins Leere. **758**

III. Ergebnis

Der Vertrag besteht und B hat gegen A einen Anspruch nach § 433 Abs. 1 S. 1 BGB, den Pullover übereignet zu bekommen. **759**

Vertiefungshinweise

Musielak, JuS 2014, 583 **760**

Schack, § 10, § 12

13 Zu diesem dogmatischen Problem: *Medicus/Petersen*, Rn. 766 ff.

14 BGH, NJW 1984, 230 (231); *Schack*, Rn. 279.

Sachregister

Die Angaben verweisen auf die Randziffern.